あなたの後ろの本当は怖い場所
屋内編
作・野宮麻未・他

もくじ

本当《ほんとう》は怖《こわ》い教室《きょうしつ》

本当《ほんとう》は怖《こわ》い体育館《たいいくかん》

本当《ほんとう》は怖《こわ》いトイレ

本当《ほんとう》は怖《こわ》いエレベーター・エスカレーター

本当《ほんとう》は怖《こわ》い保健室《ほけんしつ》・職員室《しょくいんしつ》

本当《ほんとう》は怖《こわ》いデパート

本当《ほんとう》は怖《こわ》い屋上《おくじょう》

本当は怖い映画館

本当《ほんとう》は怖《こわ》い特別教室《とくべつきょうしつ》

本当《ほんとう》は怖《こわ》い病院《びょういん》

本当《ほんとう》は怖《こわ》い 教室《きょうしつ》

学校生活《がっこうせいかつ》のベースといえば、
自分専用《じぶんせんよう》の机《つくえ》やロッカーがある「教室《きょうしつ》」です。
でもこの教室《きょうしつ》に、怖《こわ》ーいヒミツが隠《かく》されていたら、あなたはどうしますか？

開《あ》かずの部屋《へや》

翠《みどり》さんの学校《がっこう》には、「開《あ》かずの部屋《へや》」と呼《よ》ばれる一室《いっしつ》がある。

3階《かい》の3クラス分《ぶん》ある4年生《ねんせい》のエリアの端《はし》っこにある小《ちい》さな部屋《へや》で、

「授業中《じゅぎょうちゅう》、開《あ》かずの部屋《へや》から、男《おとこ》の人《ひと》のうめき声《ごえ》が聞《き》こえてきた」

だとか、

「無理矢理《むりやり》この部屋《へや》に入《はい》った人《ひと》は、3日以内《かいない》に死《し》ぬ」

というウワサがあった。

そのため4年生《ねんせい》のクラス分《わ》けは児童《じどう》たちにとって一大《いちだい》イベントで、新学年《しんがくねん》になる始業式《しぎょうしき》はザワついた。特《とく》に、「開《あ》かずの部屋《へや》」と隣《とな》り合《あ》わせの4年《ねん》3組《くみ》になる児童《じどう》は。

翠《みどり》さんは幽霊《ゆうれい》やお化《ば》けの存在《そんざい》を信《しん》じていない。それでも、クラス分《わ》けの貼《は》り紙《がみ》の「4年《ねん》3組《くみ》」の欄《らん》に、自分《じぶん》の名前《なまえ》を見《み》つけた時《とき》は、一瞬《いっしゅん》ドキッとした。

「本当《ほんとう》に幽霊《ゆうれい》っているのかな」

新《あたら》しいクラスに行《い》くと、上級生《じょうきゅうせい》たちが廊下《ろうか》から顔《かお》をのぞかせ、

「開《あ》かずの部屋《へや》に呪《のろ》われるなよー」

とからかいに来《き》ていた。教室《きょうしつ》から出《で》ると、同級生《どうきゅうせい》や下級生《かきゅうせい》たちが、

「本当《ほんとう》に声《こえ》が聞《き》こえるの？」

と、心配《しんぱい》げに聞《き》いてきた。

始業式《しぎょうしき》も終《お》わり、授業《じゅぎょう》がスタートした。最初《さいしょ》はビクビクしていた4年《ねん》3組《くみ》の児童《じどう》たちも、次第《しだい》に教室《きょうしつ》になれていった。不思議《ふしぎ》なことが何《なに》も起《お》こらなかったからだ。

開《あ》かずの部屋《へや》の影《かげ》

何《なに》ごともなく1学期《がっき》の終業式《しゅうぎょうしき》も終《お》わり、明日《あす》から夏休《なつやす》み、という日《ひ》。

委員会《いいんかい》に出《で》ていたため、みんなより一足《ひとあし》おくれで学校《がっこう》から帰《かえ》ろうと翠《みどり》さんが校庭《こうてい》を歩《ある》いていると、先《さき》に帰《かえ》ったはずの友《とも》だちのりこちゃんが、翠《みどり》さんのところに走《はし》ってきた。

「翠《みどり》ちゃん、よかった。忘《わす》れ物《もの》をしたの。一緒《いっしょ》に教室《きょうしつ》に取《と》りに行《い》ってくれない？」

普段《ふだん》なら、すぐに「いいよー」と答《こた》えるところだが、この日《ひ》、翠《みどり》さんはたくさんの荷物《にもつ》を持《も》っていた。

「いいけど、荷物《にもつ》どうしよう？」

と答《こた》えると、りこちゃんは、

「じゃあ、私《わたし》の荷物《にもつ》をここに置《お》いてもいい？ 見《み》ていてくれる？」

と、翠《みどり》さんの足下《あしもと》に画材《がざい》や習字道具《しゅうじどうぐ》を置《お》き、校舎《こうしゃ》の中《なか》に消《き》えていった。

翠《みどり》さんもその隣《となり》に自分《じぶん》の荷物《にもつ》を置《お》き、校舎《こうしゃ》の4年《ねん》3組《くみ》がある辺《あた》りを見《み》た。

誰《だれ》もいない。

「大丈夫《だいじょうぶ》かなぁ、ついて行《い》ってあげればよかったかな」

と思《おも》った時《とき》、人影《ひとかげ》が見《み》えた。

「りこちゃん、もう教室《きょうしつ》にあがったんだ」

と一瞬思《いっしゅんおも》ったが、何《なに》かが違《ちが》う。

「あれ？ あの人影《ひとかげ》、3組《くみ》じゃなくて、開《あ》かずの部屋《へや》にいる？」

人影《ひとかげ》は窓《まど》の辺《あた》りでユラユラと横《よこ》に体《からだ》をゆすっているようだ。

「誰《だれ》がいるんだろう？」

と、目《め》をこらして見《み》ていると、人《ひと》影《かげ》はなんと校舎《こうしゃ》の壁《かべ》を突《つ》き抜《ぬ》け、地《じ》面《めん》に向《む》かってドスン、と落《お》ちた。

「え？」

翠《みどり》さんが固《かた》まっていると、

「お待《ま》たせ」

と、りこちゃんが帰《かえ》ってきた。

「あの……」

もう一度《いちど》、翠《みどり》さんが人影《ひとかげ》が落《お》ちた辺《あた》りを見《み》ると、人影《ひとかげ》は消《き》えていた。

落下《らっか》する幽霊《ゆうれい》の正体《しょうたい》

その後《ご》、翠《みどり》さんが開《あ》かずの部屋《へや》の幽霊《ゆうれい》について調《しら》べると、こんな話《はなし》があることが分《わ》かった。

ある夏《なつ》の暑《あつ》い日《ひ》、校舎《こうしゃ》の工事《こうじ》をしていた作業員《さぎょういん》がいた。

その年《とし》は雨《あめ》が多《おお》く、工事《こうじ》がものすごく遅《おく》れていた。作業員《さぎょういん》たちは、休《きゅう》けいをほとんど取《と》ることができず、朝《あさ》も昼《ひる》も夜《よる》も、必死《ひっし》になって仕事《しごと》をしていた。

そんなとき、ある作業員《さぎょういん》が熱中《ねっちゅう》症《しょう》にかかってしまった。そして……。

意識《いしき》を失《うしな》い、開《あ》かずの部屋《へや》がある場《ば》所《しょ》から足《あし》を滑《すべ》らせて落《お》ち、首《くび》の骨《ほね》を折《お》ってそのまま死《し》んでしまったというのだ。

「その話《はなし》が本当《ほんとう》なら、私《わたし》が見《み》た黒《くろ》い人影《ひとかげ》と状況《じょうきょう》が似《に》ている」

と、翠《みどり》さんはゾッとしたという。

自分《じぶん》が死《し》んだことに気付《きづ》かない霊《れい》は、死《し》ぬ直前《ちょくぜん》の行動《こうどう》を何度《なんど》もくり返《かえ》すという。夏《なつ》の暑《あつ》い日《ひ》、作業員《さぎょういん》の霊《れい》は今《いま》でも、校舎《こうしゃ》から落下《らっか》し続《つづ》けているのかもしれない。

1日《にち》だけのクラスメイト

その日《ひ》、香子《きょうこ》さんは日直《にっちょく》だった。

日直《にっちょく》は一番乗《いちばんの》りで教室《きょうしつ》に入《はい》り、みんなが学校《がっこう》に来《く》る前《まえ》に係《かかり》の仕事《しごと》をしなくてはいけない。

誰《だれ》もいないであろう教室《きょうしつ》の扉《とびら》を開《あ》けると、なんと、一番後《いちばんうし》ろの奥《おく》の席《せき》に見知《みし》らぬ女《おんな》の子《こ》が座《すわ》っていた。

「おはよう」

香子《きょうこ》さんは、あいさつをしながらも少《すこ》しとまどっていた。というのもその席《せき》は、4月《がつ》に同《おな》じクラスになってから一度《いちど》も登校《とうこう》していない、さやかちゃんの席《せき》だったからだ。

(初《はじ》めて見《み》た)

香子《きょうこ》さんは何度《なんど》も〝さやかちゃん〟らしき女《おんな》の子《こ》の顔《かお》を見《み》た。

黒板《こくばん》の日直《にっちょく》の名前《なまえ》を書《か》きかえ、教卓《きょうたく》の上《うえ》をふき、先生《せんせい》の机《つくえ》の上《うえ》の花瓶《かびん》の水《みず》を替《か》え……と、細々《こまごま》と動《うご》きながらも、香子《きょうこ》さんはさやかちゃんが気《き》になって仕方《しかた》がなかった。

さやかちゃんのほうも香子《きょうこ》さんの作業《さぎょう》を、ニコニコと見《み》ている。何度《なんど》も目《め》が合《あ》った。

(かわいい子《こ》だな。何《なん》て話《はな》しかけようかな。名前《なまえ》は何《なん》ていうの?……とかって変《へん》だよね)

(今日《きょう》から学校《がっこう》に来《こ》れるんだ……とか。違《ちが》うか)

何《なに》を聞《き》いたら、気《き》を悪《わる》くしないか、考《かん》えてしまった。香子《きょうこ》さんは自分《じぶん》の席《せき》に戻《もど》り、教科書《きょうかしょ》を机《つくえ》の中《なか》に入《い》れながら思《おも》った。

(この本《ほん》、読《よ》む? ならイヤな気《き》にならないかも)

と、話《はな》しかけようと後《うし》ろを振《ふ》り返《かえ》った。女《おんな》の子《こ》はいなかった。廊下《ろうか》から誰《だれ》かの話《はな》し声《こえ》がしてきた。

学校《がっこう》に行《い》きたかった

その日《ひ》の朝《あさ》の会《かい》のことだ。香子《きょうこ》さんは先生《せんせい》から驚《おどろ》きの言葉《ことば》を聞《き》いた。

「みんなのクラスメイトの、たかぎさやかさんが亡《な》くなりました」

先生《せんせい》が話《はな》す、さやかちゃんの病名《びょうめい》やお葬式《そうしき》の日《ひ》にちを聞《き》きながら、香子《きょうこ》さんはまさかと思《おも》った。

「じゃあ、あれは誰《だれ》だったの?」

女《おんな》の子《こ》の顔《かお》は、しっかり覚《おぼ》えていた。色白《いろじろ》で目《め》が大《おお》きくて、細《ほそ》くて髪《かみ》の長《なが》い、かわいい子《こ》だ。

そしてさやかちゃんのお葬式《そうしき》の日《ひ》、

香子《きょうこ》さんはさらに驚《おどろ》いた。たくさんの白《しろ》いお花《はな》の真《ま》ん中《なか》に飾《かざ》られた写真《しゃしん》には、日直《にっちょく》の朝《あさ》に見《み》た女《おんな》の子《こ》がにっこりほほ笑《え》んでいたからだ。

「みんなありがとうね。さやかは、ずっと学校《がっこう》に行《い》きたいって言《い》っていたんですよ」

香子《きょうこ》さんたちクラスメイトがさやかちゃんのお母《かあ》さんにあいさつに行《い》くと、さやかちゃんのお母《かあ》さんはハラハラと泣《な》いた。

（知《し》ってる。だってさやかちゃん、うれしそうに自分《じぶん》の机《つくえ》のとこに座《すわ》っていたもん）

亡《な》くなって霊《れい》になって、やっと学《がっ》校《こう》に来《く》ることができたんだなと思《おも》うと、さやかちゃんがかわいそうで、香子《きょうこ》さんの涙《なみだ》も止《と》まらなかった。

絶対禁止《ぜったいきんし》！エンジェルさんの怪《かい》

知里《ちさと》さんの小学校《しょうがっこう》では、「こっくりさん」が禁止《きんし》されている。

というのも昔《むかし》、知里《ちさと》さんの学校《がっこう》で「こっくりさん」が流行《りゅうこう》したことがあり、何人《なんにん》かの女子児童《じょしじどう》が、呼《よ》び出《だ》したキツネの霊《れい》にとりつかれ、大騒《おおさわ》ぎになったことがあったからだ。

そこで、知里《ちさと》さんと仲良《なかよ》しのえりちゃんが、「やろう」と持《も》ちかけてきたのが、「エンジェルさん」だ。

やり方《かた》は、「こっくりさん」とほとんど同《おな》じだ。

まず1枚《まい》の紙《かみ》を用意《ようい》して、用紙《ようし》いっぱいに大《おお》きなハートの絵《え》を描《か》く。ハートの真《ま》ん中《なか》に、YESとNOという文字《もじ》を上下《じょうげ》に書《か》き込《こ》み、その右側《みぎがわ》に「あ行《ぎょう》」から「な行《ぎょう》」までの、左側《ひだりがわ》に「は行《ぎょう》」から「わ行《ぎょう》」の50音《おん》のひらがなを書《か》く。

その下《した》にエンジェルの矢《や》を描《えが》き、さらにその下《した》に0から9までの数字《すうじ》を書《か》く。

そうしたら、10円玉《えんだま》を1枚用意《まいようい》し、矢《や》の絵《え》の上《うえ》に置《お》き、3人以上《にんいじょう》の人《ひと》が10円玉《えんだま》の上《うえ》にひとさし指《ゆび》を置《お》く。そして、声《こえ》をそろえて、こう告《つ》げる。

「エンジェルさん、エンジェルさん、お越《こ》しください。そして私《わたし》たちの質《しつ》問《もん》に答《こた》えてください」

すると、不思議《ふしぎ》なことに10円玉《えんだま》が動《うご》きだし、「YES」の文字《もじ》の上《うえ》に移《い》動《どう》し、文字盤《もじばん》を使《つか》って質問《しつもん》に答《こた》えてくれるのだという。

「誰《だれ》が誰《だれ》を好《す》きかとか、聞《き》いてみようよ」

「やってみよう、やってみよう」

メンバーはすぐに集《あつ》まった。言《い》い出《だ》しっぺのえりちゃんと、知里《ちさと》さん、占《うらな》い好《ず》きのあんなちゃんと、さゆりちゃんだ。

帰《かえ》ってくれない！

その日《ひ》の放課後《ほうかご》、早速《さっそく》エンジェルさんをすることに決《き》まった。

えりちゃんの机《つくえ》に用紙《ようし》と10円玉《えんだま》を置《お》き、4人《にん》で机《つくえ》をぐるりと囲《かこ》み、

「エンジェルさん、エンジェルさん、お越《こ》しください。私《わたし》たちの質問《しつもん》に答《こた》えてください」

と告《つ》げた。4人《にん》の指《ゆび》を乗《の》せた10円《えん》玉《だま》がススス―ッと動《うご》いた。

「担任《たんにん》の岡森先生《おかもりせんせい》は、結婚《けっこん》できますか？」

10円玉《えんだま》が「NO」の文字《もじ》の上《うえ》へ進《すす》んだ。

「結婚《けっこん》できないって！」

「先生《せんせい》、もう35歳《さい》なのに！」

キャーキャーと、質問《しつもん》は続《つづ》く。

「えりちゃんの好《す》きな人《ひと》は？」

「山本《やまもと》くんが好《す》きな人《ひと》は誰《だれ》？」

「さゆりちゃんはいつ告白《こくはく》したら、うまくいく？」

みんなのヒミツをどんどん知《し》ることができて、知里《ちさと》さんは楽《たの》しくて仕《し》方《かた》がなかった。

そろそろ帰《かえ》ろうか、ということになり、えりちゃんが得意《とくい》げに、

「エンジェルさん、エンジェルさん、お帰《かえ》りください」

と言《い》った。するとその瞬間《しゅんかん》、10円《えん》

玉《だま》がものすごい勢《いきお》いでグルグルと動《うご》き出《だ》した。

　動《うご》きについていけず、知里《ちさと》さんの指《ゆび》が10円玉《えんだま》からすべり落《お》ちた。

「私《わたし》もムリ!」

　えりちゃんの指《ゆび》も、さゆりちゃんの指《ゆび》も、10円玉《えんだま》からはじき飛《と》ばされるように外《はず》れた。そして、あんなちゃんの指《ゆび》だけを乗《の》せ、10円玉《えんだま》が動《うご》いた。

「こ」「ろ」「す」

　ころす?

「どうしよう」

　あんなちゃんは顔《かお》をくしゃくしゃにさせて困《こま》っていたが、知里《ちさと》さんにもう一度《いちど》、10円玉《えんだま》の上《うえ》に指《ゆび》を乗《の》せる勇気《ゆうき》はなかった。

　えりちゃんが再《ふたた》び、

「エンジェルさん、エンジェルさん、お帰《かえ》りください」

と大《おお》きな声《こえ》で叫《さけ》んだ。「NO」の場所《ばしょ》に、あんなちゃんの指《ゆび》を乗《の》せた10円玉《えんだま》が動《うご》いた。

「どうしよう」

　あんなちゃんは、泣《な》いている。

　何度《なんど》、「お帰《かえ》りください」「NO」のやり取《と》りをくり返《かえ》しただろうか。外《そと》は暗《くら》くなってきている。

「もう指《ゆび》を離《はな》しちゃおう」

　えりちゃんは、あんなちゃんの手《て》をつかむと、10円玉《えんだま》からあんなちゃんの指《ゆび》を無理矢理《むりやり》離《はな》した。10円玉《えんだま》の動《うご》きが止《と》まった。

「いいの? 本当《ほんとう》に?」

　あんなちゃんが、えりちゃんに何《なん》度《ど》も聞《き》いた。知里《ちさと》さんも心配《しんぱい》だったが、とにかく家《いえ》に帰《かえ》りたかった。

　その次《つぎ》の日《ひ》、あんなちゃんが学校《がっこう》を休《やす》んだ。高熱《こうねつ》を出《だ》したらしい。そして再《ふたた》び学校《がっこう》に来《く》ることなく、あんなちゃんは転校《てんこう》してしまった。

やってはいけない儀式《ぎしき》

　実《じつ》は、この「エンジェルさん」だが、「こっくりさん」と呼《よ》び名《な》は違《ちが》うが、出《で》てくる霊《れい》は同《おな》じ。その周辺《しゅうへん》をさまよう低級霊《ていきゅうれい》と呼《よ》ばれる、悪霊《あくりょう》なのだという。

　きげんがいいと、50音《おん》の上《うえ》を移動《いどう》し、質問《しつもん》に答《こた》えてくれるが……。きげんが悪《わる》くなると帰《かえ》ってくれなくなり、呪《のろ》われてしまうと言《い》われている。

　知里《ちさと》さんたちの学校《がっこう》で、「こっくりさん」が禁止《きんし》になったのはそのためで、数十年前《すうじゅうねんまえ》は、あちこちの小学校《しょうがっこう》や中学校《ちゅうがっこう》で同《おな》じような事件《じけん》が起《お》きたため社会問題《しゃかいもんだい》になり、「こっくりさん」によって起《お》きた事件《じけん》が新聞《しんぶん》にものったのだそうだ。

NO
01234

本《ほん》当《とう》は怖《こわ》い

体《たい》育《いく》館《かん》

体育《たいいく》の時間《じかん》やクラブ活動《かつどう》、全体《ぜんたい》の集会《しゅうかい》で用《もち》いられる体育館《たいいくかん》。
大勢《おおぜい》で使《つか》う場所《ばしょ》だからこそ、人《ひと》がいない時《とき》、
その静《しず》けさが恐《おそ》ろしく迫《せま》ってくるのかもしれません。

体育館《たいいくかん》で遊《あそ》ぶのは……

これは美加子《みかこ》さんが小学《しょうがく》3年生《ねんせい》の頃《ころ》に体験《たいけん》した話《はなし》だ。

美加子《みかこ》さんの両親《りょうしん》は、平日《へいじつ》はふたりとも忙《いそが》しく働《はたら》いている。そのため美加子《みかこ》さんは、学校《がっこう》が終《お》わると、すぐにおばあちゃんの家《いえ》に向《む》かう。

学童保育《がくどうほいく》に入《はい》らなかったのは、おばあちゃんが、

「私《わたし》がめんどうを見《み》てあげるわよ」

と言《い》ってくれたからだ。

しかし、好《す》きなテレビが自由《じゆう》に見《み》られず、ゲームやマンガが一切《いっさい》ないおばあちゃんの家《いえ》は、美加子《みかこ》さんにとっては退屈《たいくつ》な場所《ばしょ》だった。

それでも1、2年生《ねんせい》の頃《ころ》は、まっすぐおばあちゃんの家《いえ》に帰《かえ》っていた。

しかし3年生《ねんせい》にもなると、同《おな》じような悩《なや》みを持《も》つ友《とも》だちと、一緒《いっしょ》に学校《がっこう》に残《のこ》って遊《あそ》ぶようになった。

遊《あそ》び場所《ばしょ》のほとんどは校庭《こうてい》だ。教室《きょうしつ》にいつまでも残《のこ》っていると先生《せんせい》から注意《ちゅうい》を受《う》けるからだ。

友《とも》だちがどんどん帰《かえ》っていなくなってしまうと、美加子《みかこ》さんは鳥小屋《とりごや》か、体育館《たいいくかん》をのぞきに行《い》っていた。

体育館《たいいくかん》を使《つか》うバスケ部《ぶ》とバレー部《ぶ》の部活《ぶかつ》がない水曜日《すいようび》は、たまに体育館《たいいくかん》にこっそり忍《しの》び込《こ》んだりもした。

「先生《せんせい》にバレたらどうしよう」

というドキドキ感《かん》はあったが、体育《たいいく》の授業《じゅぎょう》や集会以外《しゅうかいいがい》では入《はい》らない場所《ばしょ》だということもあり、探検《たんけん》をしているような気分《きぶん》になれた。

誰《だれ》かがいる！

そんな水曜日《すいようび》のある日《ひ》の放課後《ほうかご》。美加子《みかこ》さんはひとりで体育館《たいいくかん》にいた。この日《ひ》は、運動部《うんどうぶ》が体育館《たいいくかん》を使《つか》っていない。

外《そと》から体育館《たいいくかん》をのぞくと、シーンと静《しず》まり返《かえ》っている。

美加子《みかこ》さんはいつものように重《おも》い扉《とびら》をそっと開《あ》け、体育館《たいいくかん》に入《はい》った。

「あれ？　この前《まえ》より暗《くら》いな」

カレンダーは5月《がつ》。天気《てんき》は晴《は》れ。1週間前《しゅうかんまえ》に同《おな》じ時間《じかん》に体育館《たいいくかん》に忍《しの》び込《こ》んだ時《とき》は、くもりだったにも関《かか》わらず、体育館《たいいくかん》の中《なか》はもっと明《あか》るかった気《き》がする。

「カーテンが閉《し》まってるのかな」

美加子《みかこ》さんは、体育館《たいいくかん》の真《ま》ん中《なか》まで足《あし》を進《すす》め、2階《かい》の窓《まど》を見上《みあ》げた。カーテンはかかっていない。

「なんでだろう？」

ぐるりと周《まわ》りを見回《みまわ》していると、かすかに声《こえ》が聞《き》こえてきた。

「ふふふ」

「くすっ」

「ケラケラケラ」

何人《なんにん》かの女《おんな》の子《こ》がヒソヒソと楽《たの》しそうに話《はな》しているようだ。

「え？　誰《だれ》かいる？」

どうも女《おんな》の子《こ》が3人《にん》いるようだった。体育倉庫《たいいくそうこ》の扉《とびら》が開《ひら》く音《おと》がした。

「上級生《じょうきゅうせい》かも」

美加子《みかこ》さんは、自分《じぶん》がいた場所《ばしょ》から一番近《いちばんちか》いドアのある、女子更衣室《じょしこういしつ》の入《い》り口《ぐち》へ足音《あしおと》をたてないようにして向《む》かった。更衣室《こういしつ》のドアをゆっくりと開《あ》けた。真《ま》っ暗《くら》で誰《だれ》もいない。
すると、体育倉庫《たいいくそうこ》から体育館《たいいくかん》の中《ちゅう》
央《おう》に向《む》かって、バスケットボールが
投《な》げられる音《おと》がした。
ポーン、ポーン、ポーン。
静《しず》まり返《かえ》った体育館《たいいくかん》に音《おと》が響《ひび》く。
美加子《みかこ》さんはとっさに、女子更衣《じょしこうい》
室《しつ》に隠《かく》れた。

足音《あしおと》がしない！

「しまった、体育館《たいいくかん》の入《い》り口《ぐち》に向《む》
かって逃《に》げればよかった！」
と思《おも》ったが、後《あと》の祭《まつ》りだ。体育館《たいいくかん》
の入《い》り口《ぐち》は女子更衣室《じょしこういしつ》の正反対《せいはんたい》の場《ば》
所《しょ》にある。
「あの子《こ》たちが帰《かえ》るまで、ここで待《ま》
とう」
と、更衣室《こういしつ》の電気《でんき》をつけ、室内《しつない》を
見《み》わたした。壁《かべ》に着替《きが》えなどが置《お》け
る古《ふる》い棚《たな》があるだけで、面白《おもしろ》そうな
ものは置《お》かれていない。
「バスケ部《ぶ》の日誌《にっし》がある」
と、手《て》にとろうとした時《とき》、あるこ
とに気付《きづ》いた。
足音《あしおと》がしない。
体育館《たいいくかん》からは、相変《あいか》わらず、
「くすくす」
「やだー」

「すごーい」
と、ひそひそ声《ごえ》に混《ま》じって、女《おんな》の
子《こ》たちの笑《わら》い声《ごえ》や歓声《かんせい》が聞《き》こえてき
ていた。
バスケットをしているのだろう。
ボールのはねる音《おと》や、バスケット
ゴールにシュートする音《おと》も聞《き》こえた。
しかし、足音《あしおと》が一切《いっさい》しないのだ。

誰《だれ》もいない体育館《たいいくかん》はソロソロと歩《ある》かないと、自分《じぶん》の足音《あしおと》にびっくりするぐらい、大《おお》きな音《おと》がする。特《とく》に走《はし》り回《まわ》ると、ドーンドーンと響《ひび》く。それは美加子《みかこ》さんも経験《けいけん》があった。にも関《かか》わらず、更衣室《こういしつ》の外《そと》からは足音《あしおと》だけがしない。

（あんなに激《はげ》しく走《はし》り回《まわ》ってるみたいなのに？）

（おかしい）

美加子《みかこ》さんの背中《せなか》をゾクゾクと冷《つめ》たいものが走《はし》った。自分《じぶん》の心臓《しんぞう》がバクバクと大《おお》きな音《おと》をたてているのが分《わ》かる。

扉《とびら》の向《む》こうからは、ボールのはねる音《おと》、受《う》け取《と》る音《おと》、投《な》げる音《おと》、そして、楽《たの》しそうに遊《あそ》ぶ女《おんな》の子《こ》たちの笑《わら》い声《ごえ》だけが聞《き》こえてくる。その声《こえ》はまるで誰《だれ》かにアピールするかのようにどんどん大《おお》きくなる。

流《なが》れ込《こ》む白《しろ》いモヤ

「どうしよう、怖《こわ》い。逃《に》げなきゃ」

女子更衣室《じょしこういしつ》を見回《みまわ》すと、美加子《みかこ》さんの肩《かた》くらいの場所《ばしょ》に、抜《ぬ》け出《だ》せそうな窓《まど》があった。

窓《まど》を開《あ》けると、地面《じめん》までは美加子《みかこ》さんの目線程度《めせんていど》の高《たか》さしかない。

美加子《みかこ》さんは、窓《まど》のフチに手《て》をかけ、「よっ」と、ジャンプした。

と、少《すこ》しよろけてしまい、窓《まど》にバーンとぶつかった。

「しまった」

その瞬間《しゅんかん》、体育館《たいいくかん》の中《なか》がシーンと静《しず》まり返《かえ》った。

美加子《みかこ》さんは気《き》にはなったが、そのまま窓《まど》から外《そと》に向《む》かってジャンプした。そして、窓《まど》を閉《し》めようと窓《まど》に手《て》をかけた時《とき》、

「ドン、ドン、ドン」

と更衣室《こういしつ》のドアをボールのようなもので叩《たた》く大《おお》きな音《おと》がし、

「ガラガラガラ」

と、勢《いきお》いよく更衣室《こういしつ》のドアが開《あ》いた。外《そと》から見《み》る体育館《たいいくかん》の中《なか》は、闇夜《やみよ》のように真《ま》っ暗《くら》だった。そこから白《しろ》いモヤのようなものが、女子更衣室《じょしこういしつ》に流《なが》れ込《こ》んでくるのが見《み》えた。

美加子《みかこ》さんは窓《まど》を閉《し》め、その下《した》にうずくまった。体育館《たいいくかん》の中《なか》とは対照《たいしょう》的《てき》に、空《そら》はまだ明《あか》るかった。

女《おんな》の子《こ》の声《こえ》や音《おと》、白《しろ》いモヤの正体《しょうたい》は今《いま》でも分《わ》からない。

この事件《じけん》から、美加子《みかこ》さんはまっすぐ、おばあちゃんの家《いえ》に帰《かえ》るようになった。

おばあちゃんにそれとなく聞《き》くと、体育館《たいいくかん》のあった場所《ばしょ》には昔《むかし》、お墓《はか》があったのだそうだ。

バレーボール入《い》れの生首《なまくび》

弘毅《ひろき》くんの学校《がっこう》の体育館《たいいくかん》には、「夜《よる》、体育倉庫《たいいくそうこ》のバレーボールを入《い》れるカゴに生首《なまくび》が入《はい》っている」というウワサがある。

十数年前《じゅうすうねんまえ》まで、弘毅《ひろき》くんの学校《がっこう》の運動部《うんどうぶ》は、夏休《なつやす》みに合宿《がっしゅく》をしていた。中《なか》でもバレー部《ぶ》は練習熱心《れんしゅうねっしん》で、夜遅《よるおそ》くまで練習《れんしゅう》をしていた。21時《じ》を回《まわ》り、ようやく片《かた》づけ、となった時《とき》、部員《ぶいん》のひとりが叫《さけ》び声《ごえ》をあげた。

体育倉庫《たいいくそうこ》にボール入《い》れを運《はこ》び込《こ》み、倉庫《そうこ》を閉《し》めようとした時《とき》、バレーボールのカゴから視線《しせん》を感《かん》じた。見《み》ると、バレーボールが全《すべ》て生首《なまくび》になっていて、その部員《ぶいん》をにらみつけていたのだという。

なので、弘毅《ひろき》くんが6年生《ねんせい》になった年《とし》、バレー部員《ぶいん》が奇跡的《きせきてき》に増《ふ》え、実力《じつりょく》もついてきて、夏合宿《なつがっしゅく》の話《はなし》が持《も》ち上《あ》がった時《とき》、誰《だれ》もが考《かんが》えたのが、「生首《なまくび》のウワサ」だった。

血《ち》にまみれた生首《なまくび》が……

合宿当日《がっしゅくとうじつ》。弘毅《ひろき》くんたちは、ウワサの真相《しんそう》を確《たし》かめるため、肝試《きもだめ》しの計画《けいかく》を立《た》てた。

「たくさんで行《い》くと先生《せんせい》たちにバレるから、メンバーは6年生《ねんせい》の5人《にん》。決行《けっこう》は夜中《よなか》の1時《じ》。大人《おとな》が寝静《ねしず》まったのを確認《かくにん》してから。懐中電灯《かいちゅうでんとう》は1本《ぽん》のみ。緊急用《きんきゅうよう》に、メンバーのけいたが携帯電話《けいたいでんわ》を持《も》ってくる」

といった計画《けいかく》だった。メンバーのひとり、わたるが寝《ね》てしまうというハプニングもあったが、計画《けいかく》は順調《じゅんちょう》に実行《じっこう》された。

体育館《たいいくかん》は、シーンと静《しず》まり返《かえ》っていた。そうっと体育倉庫《たいいくそうこ》を開《あ》ける。

「あれだ」

さっきしまったばかりのバレーボール入《い》れをチェックする。何《なん》のへんてつもない、白《しろ》いバレーボールが入《はい》っている。念《ねん》のため、バスケットボール入《い》れも見《み》た。こちらも入《はい》っているのは、バスケットボールだけだ。

その時《とき》、ポーン、コン、コン、コン……と、体育館《たいいくかん》の端《はし》で大《おお》きめのボールが跳《は》ねる音《おと》がした。

「おい、出《で》ようぜ」

と、メンバーのさとしが言《い》った。

「生首《なまくび》なんてあるわけないよな」

と、弘毅《ひろき》くんはさっき見《み》たバレー

ボールのカゴに目《め》をやった。たくさんのボールに交《ま》じって、ひとつだけ、生首《なまくび》があった。

そう、それは戦国武将《せんごくぶしょう》のもののようだった。どす黒《ぐろ》い顔《かお》には血《ち》がこびりついていて、目《め》だけが白《しろ》く、ギラギラと光《ひか》っていて弘毅《ひろき》くんのほうを見《み》ていた。白《しろ》いボールの中《なか》で、それだけが異様《いよう》だった。

「ギャー！」

弘毅《ひろき》くんの叫《さけ》び声《ごえ》に驚《おどろ》いて、メンバー全員《ぜんいん》が逃《に》げた。

「あった、あった、生首《なまくび》だー！」

5人《にん》はみんなが寝《ね》ている教室《きょうしつ》までダッシュで逃《に》げ帰《かえ》った。

実《じつ》は体育館《たいいくかん》がある場所《ばしょ》は昔《むかし》、古戦場《こせんじょう》だったという。弘毅《ひろき》くんが見《み》た〝生《なま》首《くび》〟は、その時《とき》に亡《な》くなった武将《ぶしょう》のものかもしれない。

本当《ほんとう》は怖《こわ》い トイレ

基本的《きほんてき》に自分《じぶん》ひとりで使用《しよう》するトイレは、ふと、不安《ふあん》にさせられる場所《ばしょ》のひとつです。あなたが使用《しよう》するトイレに怖《こわ》いウワサはありませんか？

湖《みずうみ》のキャンプ場《じょう》にて

「本当《ほんとう》にめんどくさいよな」

お母《かあ》さんと妹《いもうと》と一緒《いっしょ》に夜《よる》の湖《みずうみ》のほとりのトイレに向《む》かいながら達也《たつや》くんはつぶやいた。

「次《つぎ》、夜中《よなか》におしっこがしたくなったら、ぼく、今度《こんど》はコテージの近《ちか》くでするからね」

と、ぶつくさ言《い》い、お母《かあ》さんに怒《おこ》られた。

その夏《なつ》、達也《たつや》くんは、両親《りょうしん》と小学《しょうがく》2年生《ねんせい》の妹《いもうと》と一緒《いっしょ》に、とある湖《みずうみ》のほとりにあるキャンプ場《じょう》で1泊《ぱく》2日《か》のキャンプを楽《たの》しんでいた。

達也《たつや》くん一家《いっか》は毎年《まいとし》、夏《なつ》に水辺《みずべ》でキャンプをするが、このキャンプ場《じょう》は初《はじ》めてだった。

到着《とうちゃく》するとすぐ、予約《よやく》していたコテージに向《む》かった。自由《じゆう》にテントが張《は》れるキャンプ場《じょう》もあるが、ここはコテージが立《た》ち並《なら》ぶタイプだ。

コテージはどれも新《あたら》しいもので、外側《そとがわ》も内側《うちがわ》もピカピカでキレイだった。しかし……達也《たつや》くんたちのコテージにはひとつ、問題《もんだい》があった。トイレの水《みず》が流《なが》れなかったのだ。

「おかしいなあ」

達也《たつや》くんたちのコテージにやって来《き》たキャンプの管理人《かんりにん》が、説明書《せつめいしょ》を片手《かたて》にトイレをのぞき込《こ》む。しかし、どこをどういじっても水《みず》が流《なが》れない。

そのため、あえなく「使用中止《しようちゅうし》」となった。

「申《もう》し訳《わけ》ありませんが、共同《きょうどう》のトイ

レを使《つか》ってもらえますか？」

両親《りょうしん》は、コテージのレンタル料金《りょうきん》などについて管理人《かんりにん》と話《はな》し合《あ》っていたが、達也《たつや》くんにとってはどうでもよかった。

「めんどくせえ」

ただ、それだけだ。達也《たつや》くんはめんどくさがりやで、怖《こわ》がりなのだ。

湖《みずうみ》での水遊《みずあそ》びは、海《うみ》や川《かわ》とはまた違《ちが》った楽《たの》しみ方《かた》があって面白《おもしろ》かった。管理人《かんりにん》さんがおまけをしてくれたバーベキューも、普段《ふだん》は食《た》べたりしないような食材《しょくざい》が満載《まんさい》で、美味《おい》しかった。

しかし、問題《もんだい》は夜《よる》だ。夕方《ゆうがた》までは、いけないとは思《おも》いつつも

「ちょっとそのへんでひっかけてくるわ」

というお父《とう》さんについていって、いわゆる〝立《た》ちション〟ですませたが、時刻《じこく》は21時《じ》30分《ぷん》。ボウコウがうずいてきた。

しかし、お父《とう》さんはトイレに行《い》きそうにもない。ひとりで〝立《た》ちション〟に行《い》くとなると、ちょっと怖《こわ》い。

そんな時《とき》、

「寝《ね》る前《まえ》に、おしっこに行《い》きたい」

と、妹《いもうと》が言《い》い出《だ》した。これ幸《さいわ》いと、お母《かあ》さんと妹《いもうと》について、湖《みずうみ》のほとりの共同《きょうどう》トイレに向《む》かったのだが、これはこれで怖《こわ》かった。

トイレはあっちですか？

夜《よる》の湖《みずうみ》はただただ暗《くら》いのかと思《おも》いきや、街灯《がいとう》があちこちにあり、道《みち》は

わりと明《あか》るかった。しかし、夕方《ゆうがた》まではあちこちで聞《き》こえていた宿泊客《しゅくはくきゃく》の声《こえ》もいつのまにかなくなり、シーンとした湖面《こめん》は、得体《えたい》の知《し》れないものが出現《しゅつげん》しそうだった。

「危《あぶ》ないから、達《たっ》ちゃんも女子《じょし》トイレでおしっこしなさいね」

と、いうお母《かあ》さんの言葉《ことば》に、普段《ふだん》なら反発《はんぱつ》を覚《おぼ》えただろう。しかし、確《たし》かにひとりで男子《だんし》トイレに入《はい》る心《こころ》の余裕《よゆう》はなかった。

だから無事《ぶじ》、トイレをすませた時《とき》は、心底《しんそこ》ホッとした。

達也《たつや》くんが先頭《せんとう》に立《た》って、急《いそ》ぎ足《あし》でコテージに向《む》かっていたその時《とき》だ。歩道《ほどう》を誰《だれ》かが歩《ある》いてくるのが見《み》えた。達也《たつや》くんと年齢《ねんれい》の近《ちか》い、子《こ》どものようだ。

「子《こ》どもだ」

ちらちらと見《み》ていると、すれ違《ちが》いざま、その子《こ》が声《こえ》をかけてきた。

「トイレはあっちでよかったですか？」

「そうですよ」

と、達也《たつや》くんのお母《かあ》さんが答《こた》えた。

すると、その子《こ》はさらに子《こ》どもっぽい声《こえ》で、

「あなたたちが泊《と》まっているのはあそこですか？」

と、達也《たつや》くんたちのコテージを指《ゆび》差《さ》した。

「え？」

「あなたたちが泊《と》まっているのはあそこですか？」

今度《こんど》は大人《おとな》の男《おとこ》の人《ひと》のような低《ひく》い声《こえ》だった。驚《おどろ》いて男《おとこ》の子《こ》の顔《かお》をよく

見《み》ると、どろりと溶《と》けていた。

3人《にん》は声《こえ》を発《はっ》することもできず、手《て》をつないで逃《に》げ出《だ》した。コテージに帰《かえ》ると、お父《とう》さんがひとりで慌《あわ》てていた。

「トイレから音《おと》がするから見《み》たら、水《みず》が噴《ふ》き出《だ》してきたぞ」

瞬間的《しゅんかんてき》に達也《たつや》くんは、〝あの子《こ》の仕《し》業《わざ》だ〟と思《おも》った。お母《かあ》さんが、

「気持《きも》ち悪《わる》いから、管理人《かんりにん》さんに連《れん》絡《らく》して、もう逃《に》げましょう。帰《かえ》りましょうよ」

と叫《さけ》んだ。達也《たつや》くん一家《いっか》はそそくさと、キャンプ場《じょう》から立《た》ち去《さ》った。

後《あと》で人《ひと》に聞《き》くと、この湖《みずうみ》では多《おお》くの人《ひと》が水害《すいがい》で亡《な》くなっているのだそうだ。そのためかキャンプ場《じょう》にはその幽霊《ゆうれい》が出没《しゅつぼつ》するというウワサがあり、テントで寝泊《ねと》まりする客《きゃく》がいなくなったためにコテージを新《あたら》しく建《た》てたのだという。

しかし……やはり、幽霊《ゆうれい》のウワサは絶《た》えなかったようだ。しばらくすると、キャンプ場自体《じょうじたい》が、つぶれてなくなってしまった。

渦巻《うずま》きに要注意《ようちゅうい》

円《まどか》さんは転校生《てんこうせい》だ。新《あたら》しい小学校《しょうがっこう》に転校《てんこう》するまでは、

「いじめられたらどうしよう」

と、不安《ふあん》でいっぱいだったが、担《たん》任《にん》の先生《せんせい》もクラスメイトも、やさしくて、たくさん話《はな》しかけてくれ、徐々《じょじょ》に学校生活《がっこうせいかつ》に慣《な》れはじめていた。

「ねぇねぇ、円《まどか》ちゃん。ちょっといい？」

休《やす》み時間《じかん》、円《まどか》さんが次《つぎ》の授業《じゅぎょう》の準《じゅん》備《び》をしていると、円《まどか》さんの隣《となり》の席《せき》のミキちゃんが、不思議《ふしぎ》なことを聞《き》いてきた。

「この模様《もよう》、誰《だれ》かに教《おし》えてもらった？ 渦模様《うずもよう》。これ見《み》かけたら絶対《ぜったい》にトイレに行《い》ったらダメだよ」

エンピツでノートにぐるぐると渦《うず》模様《もよう》を描《か》いて、見《み》せてきた。

円《まどか》さんは一瞬《いっしゅん》、何《なん》のことか分《わ》からなかったが、授業開始《じゅぎょうかいし》のベルが鳴《な》ったこともあり、

「うん？ 分《わ》かった」

とだけ答《こた》えた。何《なん》のことだろうと思《おも》ったが、「また聞《き》けばいいや」と思《おも》っているうちに、覚《おぼ》えることが多《おお》すぎて、そのまま忘《わす》れてしまった。

それから2週間《しゅうかん》ほどたったある日《ひ》、

家庭科教室《かていかきょうしつ》にいく途中《とちゅう》、円《まどか》さんはエプロンを教室《きょうしつ》に忘《わす》れてきたことに気《き》付《づ》いた。

一緒《いっしょ》に家庭科教室《かていかきょうしつ》に向《む》かっていたミキちゃんとかんなちゃんに、

「ごめん！」

と、円《まどか》さんは言《い》った。

「エプロン置《お》いてきちゃったから、先《さき》に行《い》ってて」

そして、教室《きょうしつ》へダッシュした。家《か》庭科教室《ていかきょうしつ》は新《あたら》しい校舎《こうしゃ》にあることもあり、円《まどか》さんの教室《きょうしつ》から遠《とお》い。走《はし》らないと、授業《じゅぎょう》に遅刻《ちこく》してしまう。

円《まどか》さんは急《いそ》いで教室《きょうしつ》に戻《もど》り、ロッカーからエプロンを取《と》り出《だ》した。

「授業《じゅぎょう》に遅《おく》れたら怒《おこ》られる！」

家庭科《かていか》の先生《せんせい》は、遅刻《ちこく》に厳《きび》しく、少《すこ》しでも遅《おく》れるとひどく叱《しか》る。円《まど》さんは大急《おおいそ》ぎで教室《きょうしつ》から飛《と》び出《だ》した。

（あ！　そういえば、トイレに行《い》きたかったなあ）

家庭科教室《かていかきょうしつ》のある新校舎《しんこうしゃ》のトイレを横目《よこめ》で見《み》ると、渦巻《うずま》きのマークが見《み》えた。

恐怖《きょうふ》の、渦巻《うずま》き

（これ、ひょっとして、ミキちゃんの言《い》ってた渦《うず》マーク？）

そう思《おも》いはしたが、今《いま》行《い》かないと、授業中《じゅぎょうちゅう》にトイレに行《い》きたくなるのは目《め》に見《み》えていた。

（誰《だれ》かのイタズラよね……）

悩《なや》みながらも、円《まどか》さんはトイレに駆《か》け込《こ》んだ。

３つ並《なら》んだトイレのうち、２つが使用中《しようちゅう》のようだ。奥《おく》の３番目《ばんめ》のトイレを見《み》ると、ドアに「使用禁止《しようきんし》」と書《か》かれた紙《かみ》が貼《は》られている。

「えー、授業《じゅぎょう》が始《はじ》まっちゃうー！」

と、足踏《あしぶ》みしていると、３番目《ばんめ》のトイレのドアがギーッと開《あ》いた。

（このトイレ、使《つか》えないのかな）

円《まどか》さんは3番目《ばんめ》のトイレに近《ちか》づき、ドアの中《なか》をのぞき込《こ》んでみた。普通《ふつう》の洋式《ようしき》トイレだった。

トイレのフタを開《あ》けると、便器《べんき》の水《みず》がたまっている部分《ぶぶん》に、紙《かみ》に描《か》かれた渦巻《うずま》きマークが置《お》かれていた。子《こ》どもが書《か》いたような、ちょっぴりへたくそな渦巻《うずま》き……。

「え？」

円《まどか》さんが不思議《ふしぎ》に思《おも》ってじっと見《み》ていると、突然《とつぜん》、便器《べんき》の中《なか》から腕《うで》が出《で》てきた。

引《ひ》きずり込《こ》まれる！

（せっかく、ミキちゃんが注意《ちゅうい》してくれていたのに！）

円《まどか》さんは、助《たす》けて！と大声《おおごえ》で叫《さけ》んだ。しかし、声《こえ》が声《こえ》にならない。

トイレに引《ひ》きずり込《こ》まれる！

必死《ひっし》で、トイレの腰《こし》をかける部分《ぶぶん》に手《て》をかけ、ふんばったが、引《ひ》きずり込《こ》もうとする腕《うで》の力《ちから》のほうが明《あき》らかに強《つよ》かった。別《べつ》のトイレから、

「ひっひっひっ」

不気味《ぶきみ》な笑《わら》い声《ごえ》が聞《き》こえてきた。

「あーっはっ、はっ、はっ」

笑《わら》い声《ごえ》が大《おお》きくなる。

「ダメだ」

と思《おも》ったその時《とき》だ。

「円《まどか》ちゃーん、どこー？」

という、ミキちゃんの声《こえ》が聞《き》こえてきた。すると、腕《うで》がすっと引《ひ》っ込《こ》み、笑《わら》い声《ごえ》がやんだ。

円《まどか》さんは、トイレの床《ゆか》に座《すわ》り込《こ》んだまま、しばらく動《うご》けなかった。

実《じつ》は、この学校《がっこう》には「トイレの渦《うず》巻《ま》き」の怪談《かいだん》が「学校《がっこう》の七不思議《ななふしぎ》」のひとつとして、昔《むかし》から語《かた》りつがれているのだという。

とはいえ、ミキちゃんの周《まわ》りに「渦《うず》巻《ま》きを見《み》た」という人《ひと》はおらず、ミキちゃん自身《じしん》、完全《かんぜん》に信《しん》じてはいなかったそうだ。

「本当《ほんとう》だったんだね」

と、驚《おどろ》くミキちゃんに、

「このことは、みんなには内緒《ないしょ》にしておいてね」

と、円《まどか》さんはミキちゃんに固《かた》く口《くち》止《ど》めしている。

ひょっとしたら、誰《だれ》にも話《はな》していないだけで、どこの学校《がっこう》にも円《まどか》さんのように、恐《おそ》ろしい体験《たいけん》をしたことがある人《ひと》が、いるのかもしれない。

公園《こうえん》のトイレの赤《あか》ちゃん

涼子《りょうこ》さんの家《いえ》の近所《きんじょ》の公園《こうえん》のトイレには、〝赤《あか》ちゃんの幽霊《ゆうれい》が出《で》る〟というウワサがあった。

なんでも、十数年前《じゅうすうねんまえ》にこのトイレに生《う》まれたばかりの赤《あか》ちゃんが捨《す》てられ、亡《な》くなっているのが見《み》つかったのだという。

ある日《ひ》の放課後《ほうかご》、涼子《りょうこ》さんは友《とも》だちの家《いえ》で夢中《むちゅう》になって遊《あそ》んでいるうちに、家《いえ》に帰《かえ》らなくてはいけない時《じ》間《かん》をとっくに過《す》ぎていたことに気《き》がついた。外《そと》を見《み》ると、空《そら》が暗《くら》くなりはじめている。

「急《いそ》いで帰《かえ》らなくちゃ」

涼子《りょうこ》さんは友《とも》だちの家《いえ》を飛《と》び出《だ》した。そして、走《はし》りながら悩《なや》んだ。

(公園《こうえん》の中《なか》を突《つ》っ切《き》るのが近道《ちかみち》だけど、トイレのそばを通《とお》るからなあ)

しばらく悩《なや》んだが、

(まあ、いけるか)

と、公園《こうえん》の方角《ほうがく》に足《あし》を向《む》けた。辺《あた》りはどんどん暗《くら》くなってきている。

ハイハイして向《む》かってくる!

公園《こうえん》の中《なか》は、街灯《がいとう》が光《ひか》っていた。

涼子《りょうこ》さんがトイレの横《よこ》にさしかかった時《とき》だ。

「あーん、あーん」

と、赤《あか》ちゃんの泣《な》き声《ごえ》がした。

「幽霊《ゆうれい》だ!」

涼子《りょうこ》さんは聞《き》こえないフリをしてその場《ば》を立《た》ち去《さ》ろうとしたが、足《あし》を止《と》めた。

(本物《ほんもの》の赤《あか》ちゃんかもしれない)

周《まわ》りに大人《おとな》の姿《すがた》はない。赤《あか》ちゃんの泣《な》き声《ごえ》はさらに大《おお》きくなっている。大《おお》きく元気《げんき》な泣《な》き声《ごえ》で、涼子《りょうこ》さんが想像《そうぞう》する〝幽霊《ゆうれい》〟のものだとは思《おも》えなかった。

(もし幽霊《ゆうれい》でも、赤《あか》ちゃんだし)

涼子《りょうこ》さんがトイレをのぞくと、室《しつ》内《ない》に、パッと明《あ》かりがついた。

すると、キャッキャという、赤《あか》ちゃんの笑《わら》い声《ごえ》がした。

(笑《わら》ってる?)

さらにのぞきこむと……、

背中《せなか》がゾゾゾッと、冷《つめ》たくなった。

のぞきこんだ瞬間《しゅんかん》、たくさんの赤《あか》ちゃんがハイハイをしながら、涼子《りょうこ》さんの足下《あしもと》に向《む》かってきたのだ。

「キャー!」

涼子《りょうこ》さんは走《はし》って逃《に》げた。それ以来《いらい》、この公園《こうえん》には近《ちか》づいていない。

本当《ほんとう》は怖《こわ》い
エレベーター・エスカレーター

その場《ば》に立《た》つと下《した》から上《うえ》へ、上《うえ》から下《した》へと運《はこ》んでくれる
エレベーターやエスカレーターは便利《べんり》な機械《きかい》です。
しかし、運《はこ》んでくれた場所《ばしょ》が"異世界《いせかい》"だったら……。

異次元《いじげん》に行《い》く方法《ほうほう》

一時期《いちじき》、インターネットの巨大掲《きょだいけい》示板《じばん》で「エレベーターを使《つか》って異次《いじ》元《げん》に行《い》く方法《ほうほう》」というものが流行《りゅうこう》したことがある。「それ聞《き》いたことがある！」という人《ひと》もいるのではないだろうか。

美花《みか》さんは、なんとこの「異次元《いじげん》に行《い》く方法《ほうほう》」を実際《じっさい》に試《ため》したことがある。しかし、途中《とちゅう》で失敗《しっぱい》してしまった。……多分《たぶん》。

その頃《ころ》、美花《みか》さんは一番《いちばん》の仲良《なかよ》しのさおりちゃんとケンカをしていた。

ケンカの原因《げんいん》はささいなことだ。美《み》花《か》さんが休《やす》み時間《じかん》に隣《となり》の席《せき》のゆみちゃんとトイレに行《い》ったことに、さおりちゃんがやきもちを焼《や》いたのだ。

突然《とつぜん》、さおりちゃんからの無視《むし》が始《はじ》まり、美花《みか》さんは悩《なや》んでいた。代《か》わりにゆみちゃんが一緒《いっしょ》にいてくれたが、気持《きも》ちは晴《は》れなかった。

その頃《ころ》受《う》けた算数《さんすう》のテストの結果《けっか》も、思《おも》わず青《あお》ざめてしまうくらい点《てん》数《すう》が悪《わる》く、お母《かあ》さんに答案用紙《とうあんようし》を見《み》せられずにいた。

(勉強《べんきょう》しろって言《い》われてたからなあ。絶対《ぜったい》に怒《おこ》られる。あーあ、どこか遠《とお》くに行《い》きたいなあ)

と感《かん》じていた時《とき》に、男子《だんし》が「異次《いじ》元《げん》に行《い》く方法《ほうほう》」を大《おお》きな声《こえ》で話《はな》しているのが耳《みみ》に入《はい》った。

エレベーターの乗《の》り降《お》りで…

異次元《いじげん》に行《い》く方法《ほうほう》はこうだ。

❶ 10階《かい》以上《いじょう》の階数《かいすう》があるビルかマ

ンションに行《い》く。

❷ エレベーターに乗《の》り込《こ》み、4階《かい》のボタンを押《お》す。

❸ 4階《かい》でいったん降《お》りる。

❹ 4階《かい》からまたエレベーターに乗《の》り込《こ》み、2階《かい》のボタンを押《お》し、2階《かい》で降《お》りる。

❺ 2階《かい》からまたエレベーターに乗《の》り、6階《かい》のボタンを押《お》して、6階《かい》で降《お》りる。

❻ 6階《かい》からまたエレベーターに乗《の》り込《こ》み、2階《かい》のボタンを押《お》し、2階《かい》で降《お》りる。ここまでの間《あいだ》にエレベーターに誰《だれ》かが乗《の》ってきたり、誰《だれ》かと会《あ》うと、また最初《さいしょ》からやり直《なお》し。

❼ 2階《かい》からエレベーターに乗《の》ったら、次《つぎ》は10階《かい》のボタンを押《お》す。そして、エレベーターから降《お》りずに、5階《かい》のボタンを押《お》す。

❽ すると5階《かい》で若《わか》い女性《じょせい》がエレベーターに乗《の》ってくる。このとき、女性《じょせい》に話《はな》しかけてはいけない。ここでもエレベーターから降《お》りずに、黙《だま》って1階《かい》のボタンを押《お》す。

❾ 1階《かい》に着《つ》いたら、ここでも降《お》りずに10階《かい》のボタンを押《お》す。もし怖《こわ》くなったら、この時《とき》が「異次元《いじげん》に行《い》く」のを止《や》める最後《さいご》のチャンスだ。10階《かい》に行《い》くまでに、どこかの階《かい》で降《お》りると、失敗《しっぱい》となる。

❿ 異次元《いじげん》に行《い》く覚悟《かくご》があるなら、そのままエレベーターに乗《の》り続《つづ》ける。10階《かい》に到着《とうちゃく》すると扉《とびら》が開《あ》くが、ここは「無《む》」の空間《くうかん》で、人間《にんげん》はあなたしかいない。その先《さき》どうなるかは、誰《だれ》も知《し》らない。

「え？　え？　何階《なんかい》でどうするんだっけ？」
「だからさー、4階《かい》、2階《かい》、6階《かい》、2階《かい》で降《お》りて、あとは降《お》りずに10階《かい》、5階《かい》、1階《かい》、10階《かい》って押《お》せばいいんだろ？」

という男子《だんし》の言葉《ことば》を美花《みか》さんはノートのすみにメモした。

（うちのマンション、ちょうど10階《かい》だ。やってみようかな）

と、思《おも》ったのだ。

異次元《いじげん》に行《い》きたくない！

さて、ドキドキしながら美花《みか》さんはマンションのエレベーターに乗《の》り込《こ》んだ。

（まずは、4階《かい》に行《い》くんだっけ）

4階《かい》のボタンを押《お》した。エレベーターの階数《かいすう》を示《しめ》すデジタルの数字《すうじ》が2階《かい》、3階《かい》、4階《かい》と変《か》わり、扉《とびら》がすーっと開《あ》いた。

美花《みか》さんの住《す》む7階《かい》と廊下《ろうか》の形《かたち》は同《おな》じだが、雰囲気《ふんいき》はどこか違《ちが》う。

（そうだ、そうだ）

美花《みか》さんは再《ふたた》びエレベーターに乗《の》り込《こ》み、2階《かい》のボタンを押《お》した。

誰《だれ》も乗《の》ってこないこともあって、想像《そうぞう》していた以上《いじょう》にスムーズに階《かい》を重《かさ》ねることができた。

「次《つぎ》は10階《かい》で、降《お》りずに5階《かい》のボタンを押《お》せばいいんだっけ？」

美花《みか》さんの心《こころ》にふっと不安《ふあん》がよぎった。

「私《わたし》、本当《ほんとう》に異次元《いじげん》に行《い》っちゃうのかな」

美花《みか》さんは内心《ないしん》、どんどん怖《こわ》く

なってきてはいたが、動作《どうさ》を止《と》められなくなっていた。

5階《かい》に到着《とうちゃく》した。すると、5階《かい》の扉《とびら》が開《あ》き、本当《ほんとう》に女性《じょせい》が乗《の》り込《こ》んできた。

（私《わたし》、本当《ほんとう》に、本当《ほんとう》に異次元《いじげん》に行《い》っちゃうの？）

1階《かい》で女性《じょせい》が降《お》りた時《とき》、美花《みか》さんは思《おも》わず壁《かべ》に背中《せなか》をドンとつけた。すると、ランドセルからポトリと1枚《まい》の紙《かみ》が落《お》ちた。

「美花《みか》ちゃんへ」

と書《か》かれた、さおりちゃんからの手紙《てがみ》だった。美花《みか》さんは急《いそ》いで手紙《てがみ》を拾《ひろ》い上《あ》げ、走《はし》ってエレベーターから出《で》ようとした。しかし、すーっとエレベーターの扉《とびら》が閉《し》まり、エレベーターがそのまま動《うご》かなくなってしまった。

「どうしよう」

エレベーターの扉《とびら》を叩《たた》いても開《あ》かない。非常《ひじょう》ボタンを押《お》しても応答《おうとう》がない。エレベーターはガタン、と音《おと》を立《た》ててすーっと上《うえ》にあがりはじめた。美花《みか》さんは慌《あわ》てて全《ぜん》フロアのボタンを押《お》した。

（こんなことするんじゃなかった。まだ、さおりちゃんの手紙《てがみ》も読《よ》めていないのに！）

ここは実世界《じっせかい》？異次元《いじげん》？

と、実《じつ》はそこから美花《みか》さんの記憶《きおく》はない。気《き》がついたら、家《いえ》のリビングでおやつのクッキーを食《た》べていた。テーブルには大好《だいす》きなココアの入《はい》ったお気《き》に入《い》りのマグカップが置《お》かれている。

さおりちゃんからの手紙《てがみ》はきちんとポケットの中《なか》に入《はい》っていた。開《あ》けると、

「無視《むし》してごめんね。美花《みか》ちゃん大好《だいす》き。仲直《なかなお》りがしたいよ」

と書《か》かれていた。

点数《てんすう》の悪《わる》かった算数《さんすう》のテストの答案用紙《とうあんようし》を恐《おそ》るおそるお母《かあ》さんに見《み》せると、お母《かあ》さんは、

「でも、頑張《がんば》ったんでしょ？　分《わ》からなかったところは分《わ》かるようになればいいのよ。教《おし》えてあげるから、教科書《きょうかしょ》を出《だ》して」

と、怒《おこ》るどころかやさしく勉強《べんきょう》を教《おし》えてくれた。

今《いま》、美花《みか》さんは普段通《ふだんどお》りの生活《せいかつ》を送《おく》っている。さおりちゃんともゆみちゃんとも仲良《なかよ》しだ。

しかし、あまりにも居心地《いごこち》がよすぎて、〝もしかしたらここは異次元《いじげん》の世界《せかい》かもしれない〟と、たまに思《おも》うことがあるのだそうだ。

子《こ》どもを引《ひ》きずり込《こ》むエスカレーター

さとしくんの家《いえ》の最寄《もよ》り駅《えき》には、

「子《こ》どもがひとりで乗《の》ってはいけない」

というウワサがあるエスカレーターがある。割《わり》と大《おお》きなターミナル駅《えき》で、1階《かい》がバス乗《の》り場《ば》、2階《かい》が駅《えき》のホームという作《つく》りになっている。

ウワサのエスカレーターは、このバス乗《の》り場《ば》と駅《えき》のホームをつなぐ、のぼりのエスカレーターだ。

見《み》た目《め》はごく普通《ふつう》だ。

しかし、周囲《しゅうい》に誰《だれ》もおらず、子《こ》どもだけがエスカレーターに乗《の》っている時《とき》に限《かぎ》って、服《ふく》や靴《くつ》が巻《ま》き込《こ》まれる、という事故《じこ》が起《お》こる。

さとしくんも、

「◎◎の兄《にい》ちゃんの友《とも》だちがひとりでエスカレーターに乗《の》っていたら、足下《あしもと》からギギギっていう音《おと》がしてさ。何《なん》だろうと思《おも》って見《み》たら、エスカレーターの降《お》り口《ぐち》の階段《かいだん》が巻《ま》き込《こ》まれていくあそこから、触角《しょっかく》みたいなウニュウニュが出《で》てきて、引《ひ》きずり込《こ》まれそうになったらしいぜ」

という話《はなし》を聞《き》いたことがある。

とにかく、子《こ》どもにとっては「ヤバい」エスカレーターだった。

ギギギという音《おと》とともに

その日《ひ》、さとしくんはすごく急《いそ》いでいた。駅《えき》をはさんだ向《む》こう側《がわ》の公《こう》園《えん》で、友《とも》だちと遊《あそ》ぶ約束《やくそく》をしていたのだが、ころっと忘《わす》れていたのだ。

「ヤバい、ヤバい、ヤバい」

さとしくんはバスターミナルを突《つ》っ切《き》り、階段《かいだん》のほうに向《む》かいかけて、走《はし》るスピードをゆるめた。エスカレーターが目《め》に入《はい》ったからだ。

「これに乗《の》ったら、ショートカットできる」

さとしくんは、エスカレーターに足《あし》を踏《ふ》み出《だ》し、一気《いっき》に駆《か》け上《あ》がろうとした。エスカレーターの速度《そくど》がガクンと遅《おそ》くなったような気《き》がした。

「ん?」

エスカレーターの下《した》から、ギギギギギギという鈍《にぶ》い音《おと》がする。

「まさか……」

前方《ぜんぽう》に迫《せま》るエスカレーターの降《お》り口《ぐち》を見《み》ると、イカの長《なが》いほうの足《あし》のような、ニョロニョロとした触角《しょっかく》のようなものが出《で》ていて、さとしくんの足《あし》に向《む》かって伸《の》びてきた。

「うわあああ」

触角《しょっかく》に向《む》かって進《すす》むエスカレーターに逆《さか》らうようにして、さとしくんは後《あと》ずさった。しかし、触角《しょっかく》はどんどん伸《の》びてくる。

さとしくんは思《おも》わず、触角《しょっかく》に向《む》かってポケットの中《なか》に入《はい》っていたあめ玉《だま》やキャラクターのゲームカードを投《な》げつけた。すると触角《しょっかく》は、するすると消《き》えてしまった。

さとしくんはエスカレーターを大股《おおまた》で駆《か》け上《あ》がり、友《とも》だちのいる公園《こうえん》へとダッシュした。

さとしくんは思《おも》う。触角《しょっかく》はかわいそうな子《こ》どもの霊《れい》かもしれない。遊《あそ》んでほしくて、持《も》ち物《もの》を見《み》せてほしくて出《で》てきたのかもしれない。

とはいえ、あの気持《きも》ちの悪《わる》いビジュアルが忘《わす》れられなくて、さとしくんはそれっきり、エスカレーターを利用《りよう》していない。

本当《ほんとう》は怖《こわ》い

保健室《ほけんしつ》・職員室《しょくいんしつ》

先生《せんせい》たちが常《つね》にいる職員室《しょくいんしつ》や保健室《ほけんしつ》は、
学校《がっこう》の中《なか》で最《もっと》も安全《あんぜん》な場所《ばしょ》のように感《かん》じられるかもしれません。
いえいえ、そこにも怖《こわ》い話《はなし》はひそんでいるのです。

職員室《しょくいんしつ》の小《ちい》さいおじさん

その日《ひ》の放課後《ほうかご》、貴史《たかし》くんは友《とも》だちのあおいくんと職員室《しょくいんしつ》に忍《しの》び込《こ》んでいた。

貴史《たかし》くんの小学校《しょうがっこう》では、ゲーム機《き》の持《も》ち込《こ》みが禁止《きんし》されている。貴史《たかし》くんだって、普通《ふつう》の日《ひ》はゲーム機《き》を持《も》ち込《こ》まない。

しかし、その日《ひ》は人気《にんき》ゲームの発売日《ばいび》の翌日《よくじつ》だった。

「そのゲーム、オレも買《か》ってもらうんだ」

「昼休《ひるやす》み、やってみようぜ」

「オレにも見《み》せてくれよ」

と友《とも》だち同士《どうし》で盛《も》り上《あ》がってしまい、ついこっそり持《も》ってきてしまった。そして、休《やす》み時間《じかん》に数人《すうにん》で遊《あそ》んでいたところを担任《たんにん》の新山先生《あらやませんせい》に見《み》つかり、取《と》り上《あ》げられてしまったのだ。

「残念《ざんねん》ながら決《き》まりだからな。ゲーム機《き》は一週間没収《いっしゅうかんぼっしゅう》。返《かえ》さないとは言《い》わないから、ありがたく思《おも》えよ」

と、職員室《しょくいんしつ》に持《も》って行《い》ってしまった。

一週間《いっしゅうかん》くらいなら待《ま》ったらいいじゃないかと思《おも》うかもしれない。しかし、貴史《たかし》くんもあおいくんもゲームの発売日《はつばいび》をそれはそれは楽《たの》しみにしていて、ようやく手《て》に入《い》れたのだ。

それに、

「ゲーム機《き》を取《と》り上《あ》げられたことがお母《かあ》さんにバレたら、めちゃくちゃ怒《おこ》られる」

というわけだ。

放課後《ほうかご》、５時《じ》を過《す》ぎると職員室《しょくいんしつ》はとたんに静《しず》かになる。

高学年《こうがくねん》の先生《せんせい》は補習授業《ほしゅうじゅぎょう》に出《で》てしまうし、低学年《ていがくねん》や中学年《ちゅうがくねん》の先生《せんせい》も、クラブ活動《かつどう》の監督《かんとく》をするためにいなくなる。

新山先生《あらやませんせい》の机《つくえ》がどこにあるかはもちろん知《し》っている。ふたりにとって都合《つごう》のいいことに、職員室《しょくいんしつ》のドアから入《はい》ってすぐのところにある机《つくえ》の列《れつ》の奥《おく》だ。

ふたりで職員室《しょくいんしつ》に行《い》くよりも、ひとりで行《い》くほうが見《み》つかりにくいのではないか、と思《おも》われるかもしれない。しかし、ひとりで行《い》くよりふたりのほうが心強《こころづよ》かった。そして、

「見《み》つかったら一緒《いっしょ》に怒《おこ》られようぜ」

と、励《はげ》まし合《あ》い、なんとか忍《しの》び込《こ》みに成功《せいこう》した、というわけだ。

机《つくえ》の下《した》でうごめく影《かげ》

案《あん》の定《じょう》、職員室《しょくいんしつ》はひっそりとしていた。新山先生《あらやませんせい》の机《つくえ》まではすぐに到《とう》達《たっ》できた。しかし、ここからが問題《もんだい》だ。かんじんのゲーム機《き》を捜《さが》さなくてはいけない。

机《つくえ》の上《うえ》を見《み》たが、ない。

机《つくえ》を開《あ》けようとしたが、鍵《かぎ》がかかっている。

じゃあ、机《つくえ》の下《した》だなと、ふたりで同時《どうじ》にしゃがみ込《こ》んだ。イスをそろりと動《うご》かし、机《つくえ》の下《した》をのぞき込《こ》んだ。

ねずみ？

と、ふたりは一瞬《いっしゅん》、ひるんだ。カサコソ動《うご》く影《かげ》が見《み》えたからだ。しか

し、貴史《たかし》くんとバッチリ目《め》が合《あ》ったその生《い》き物《もの》は、緑色《みどりいろ》のジャージを着《き》た小《ちい》さいおじさんだった。

「え?」

のぞき込《こ》むふたりの顔《かお》を、小《ちい》さいおじさんが驚《おどろ》いたような表情《ひょうじょう》で見返《みかえ》す。おじさんの手《て》にはなんと、没収《ぼっしゅう》されたゲーム機《き》のうちの1台《だい》がにぎられている!

貴史《たかし》くんとあおいくんは、同時《どうじ》にステンと尻餅《しりもち》をつくと、はうようにして職員室《しょくいんしつ》から逃《に》げ出《だ》した。

見《み》ちゃった、見《み》ちゃった。小《ちい》さいおじさんを見《み》ちゃった!

教室《きょうしつ》に戻《もど》ると、ふたりは顔《かお》を見合《みあ》わせた。

「お前《まえ》見《み》たか?」

「見《み》た」

「どうする? ゲーム機《き》、あのおじさんがどこかに持《も》っていくかもしれないぞ」

「もう1回《かい》、行《い》くか?」

「でも……」

また、あの職員室《しょくいんしつ》に戻《もど》る気《き》にはなれなかった。小《ちい》さいおじさんが仲間《なかま》を引《ひ》き連《つ》れて、反撃《はんげき》してくるかもしれない。

ふたりはランドセルを背負《せお》い、とぼとぼと学校《がっこう》を後《あと》にした。

おじさんからのメッセージ

すっかりあきらめていたゲーム機《き》だが、1週間後《しゅうかんご》の放課後《ほうかご》に、貴史《たかし》くんとあおいくん、そして他《ほか》の友《とも》だちの分《ぶん》もちゃんと戻《もど》ってきた。

新山先生《あらやませんせい》は、

「もう学校《がっこう》に持《も》ってきたらダメだぞ。下校中《げこうちゅう》にもするなよ。ゲームは家《いえ》でやれ。次《つぎ》持ってきたら、ご両親《りょうしん》に報《ほう》告《こく》するからな」

と、何度《なんど》も貴史《たかし》くんたちに言《い》い聞《き》かせた。

——あの、おじさんは何《なに》だったんだろう？

貴史《たかし》くんは自分《じぶん》のゲーム機《き》をひっくり返《かえ》してみた。すると、低学年《ていがくねん》の頃《ころ》によく見《み》た「もうすこしがんばりましょう」というシールが貼《は》られていた。

「先生《せんせい》、これ……」

と言《い》いかけて、貴史《たかし》くんは口《くち》をつぐんだ。小《ちい》さいおじさんのしわざかもしれないからだ。その証拠《しょうこ》に、あおいくんのゲーム機《き》にも、「もうすこしがんばりましょう」というシールが貼《は》られていたそうだ。

見《み》てはいけないカルテ

夏休《なつやす》みを間近《まぢか》に控《ひか》えた7月《がつ》、徹《とおる》くんが授業《じゅぎょう》の途中《とちゅう》で急《きゅう》に気分《きぶん》が悪《わる》くなり、保健室《ほけんしつ》に行《い》った時《とき》の話《はなし》だ。

保健室《ほけんしつ》には、先生《せんせい》がふたりいる。ひとりは、ベテランの井上先生《いのうえせんせい》。もうひとりは、4月《がつ》に保健《ほけん》の先生《せんせい》になったばかりの、小林先生《こばやしせんせい》だ。

小林先生《こばやしせんせい》に体温計《たいおんけい》を渡《わた》され、熱《ねつ》を測《はか》った。徹《とおる》くんの体温《たいおん》は平熱《へいねつ》だった。

「でも、気分《きぶん》が悪《わる》いんです」

と、小林先生《こばやしせんせい》に訴《うった》えると、

「顔色《かおいろ》から見《み》て、貧血《ひんけつ》かもねえ」

と、授業《じゅぎょう》が終《お》わるまで、足《あし》を折《お》り曲《ま》げた姿勢《しせい》でベッドにあおむけになっているよう、告《つ》げられた。

保健室《ほけんしつ》のベッドは2つあったが、この時間《じかん》、利用《りよう》しているのは徹《とおる》くんだけのようだ。

ぐるりとベッドの周《まわ》りをかこんでいるカーテンをひいて、ベッドに横《よこ》になった。そうしているうちに、徹《とおる》くんの気分《きぶん》もだんだんましになってきた。

保健室《ほけんしつ》の中《なか》はクーラーがかかっている。ひんやり涼《すず》しいのも、体調《たいちょう》がよくなるのに役立《やくだ》ったようだ。そうなってくると、徹《とおる》くんにとって保健《ほけん》室《しつ》はとにかく暇《ひま》だ。

「今何時《いまなんじ》だろう」

壁《かべ》にかかっている時計《とけい》を見《み》ると、授業《じゅぎょう》が終《お》わるまであと30分《ぷん》もあった。

徹《とおる》くんは、保健室《ほけんしつ》の窓《まど》から運動場《うんどうじょう》をながめたり、先生《せんせい》たちの会話《かいわ》を聞《き》いたりして時間《じかん》をつぶしはじめた。それにしても暇《ひま》だ。

「気分《きぶん》がよくなったので、教室《きょうしつ》に戻《もど》ります」

と、先生《せんせい》たちに言《い》おうと決心《けっしん》し、ベッドから起《お》き上《あ》がりかけたその時《とき》、カーテンの向《む》こう側《がわ》で、

「ちょっと先生《せんせい》たち席《せき》をはずすけど、すぐに帰《かえ》ってくるから。寝《ね》ていなさいね」

という声《こえ》が聞《き》こえてきた。

「ガラガラ、ガラガラ、カタン」

と、保健室《ほけんしつ》の戸《と》が開《あ》いて、閉《し》まる音《おと》がした。

古《ふる》びたファイル

徹《とおる》くんは、こっそりベッドから起《お》き上《あ》がり、保健室《ほけんしつ》を見《み》わたした。時《じ》間《かん》つぶしができる本《ほん》でもないかなと思《おも》ったのだが、戸棚《とだな》にはファイルと辞書《じしょ》、専門書《せんもんしょ》らしきものが並《なら》んでいる。それに薬箱《くすりばこ》と布《ぬの》のようなもの。特《とく》に面白《おもしろ》いものはなさそうだ。

ふと、井上先生《いのうえせんせい》の机《つくえ》の上《うえ》を見《み》ると、古《ふる》いボロボロのファイルが置《お》かれているのが目《め》についた。

「あれ何《なん》だろ」

机《つくえ》にそうっと近《ちか》づいて、のぞき込《こ》んでみた。ファイルには、『持《も》ち出《だ》し禁止《きんし》・小児診断《しょうにしんだん》カルテ』と書《か》かれていた。

「……何《なん》だろう」

うちの小学校《しょうがっこう》に、誰《だれ》か重病患者《じゅうびょうかんじゃ》でもいるのだろうかと気《き》になり、ちらっと、ファイルの表紙《ひょうし》をめくってみた。思《おも》っていた以上《いじょう》にボロボロで中《なか》の紙《かみ》もほぼ黄《き》ばんでいた。

ファイルからはホコリが立《た》ち上《あ》がり、保健室《ほけんしつ》の照明《しょうめい》が少《すこ》し暗《くら》くなったような気《き》がした。

ファイルには、見慣《みな》れない名前《なまえ》と、古《ふる》い生年月日《せいねんがっぴ》。そして、その横《よこ》に、見《み》たこともない外国語《がいこくご》の文字《もじ》がずらずらと小《ちい》さい文字《もじ》で書《か》かれてあった。

「なーんだ、昔《むかし》のヤツか」

と、ファイルを閉《と》じると、一枚《いちまい》の紙《かみ》が徹《とおる》くんの足下《あしもと》に落《お》ちていることに気付《きづ》いた。

徹《とおる》くんは一瞬《いっしゅん》ひるんだ。そして、ゾッとした。

落《お》ちている紙《かみ》にべっとりとついていた液体《えきたい》のあとが、血《ち》のように見《み》えたからだ。

その時《とき》、保健室《ほけんしつ》の窓《まど》から急《きゅう》に強《つよ》い風《かぜ》が吹《ふ》き込《こ》んできた。ベッドのそばにあるカレンダーや貼《は》り紙《がみ》が、バタバタパラパラと音《おと》をたてる。しかし、床《ゆか》に落《お》ちていた紙《かみ》はぴくともしない。

「おかしいな」

徹《とおる》くんがその紙《かみ》をのぞき込《こ》もうとした瞬間《しゅんかん》、

「み・る・な」

耳元《みみもと》で女《おんな》の子《こ》の声《こえ》が聞《き》こえた。低《ひく》く、かすれた声《こえ》だった。

「み・る・な」

——ガチャ、ギーッ

と、どこからか扉《とびら》が開《ひら》く音《おと》がした。

(やばい。誰《だれ》か来《く》る!)

徹《とおる》くんはさっきまで自分《じぶん》が寝《ね》ていたベッドに戻《もど》り、ガバッと布団《ふとん》にもぐり込《こ》んだ。

終《お》わらない怪奇《かいき》

何分《なんぷん》くらい過《す》ぎただろうか。徹《とおる》くんは、布団《ふとん》から少《すこ》し顔《かお》を出《だ》した。

扉《とびら》が開《ひら》く音《おと》が聞《き》こえたが、その後《ご》、何《なん》の音《おと》もしない。

それにしても……、保健室《ほけんしつ》の戸《と》は前後《ぜんご》に開《ひら》くタイプではなく、横《よこ》に引《ひ》くタイプだ。さっき、聞《き》こえてきた扉《とびら》の音《おと》は、どこの教室《きょうしつ》の扉《とびら》なんだろう?

ふわあっと、ほほに生暖《なまあたた》かい風《かぜ》を感《かん》じた。徹《とおる》くんはゆっくりと、顔《かお》を横《よこ》に向《む》けた。

すると、そこには教科書《きょうかしょ》でしか見《み》たことのない、戦時中《せんじちゅう》のような古《ふる》めかしい格好《かっこう》をした、小学《しょうがく》6年生《ねんせい》くらいの女《おんな》の子《こ》が立《た》っていて、にっこりほほ笑《え》んでいた。

「し・り・た・い?」

徹《とおる》くんは動《うご》けずにいた。

「し・り・た・いでしょ?」

女《おんな》の子《こ》の声《こえ》が、どんどん大《おお》きく、ゆっくりと、ゆがんで聞《き》こえる。同《どう》時《じ》に、女《おんな》の子《こ》の顔《かお》が近《ちか》づいてきた。

徹《とおる》くんは布団《ふとん》の中《なか》にすっぽりともぐり、ぎゅっと目《め》を閉《と》じた。女《おんな》の子《こ》の声《こえ》が耳元《みみもと》で聞《き》こえた。

「それとも、しにたい？」

その直後《ちょくご》、楽《たの》しそうに話《はな》す小林先生《こばやしせんせい》と井上先生《いのうえせんせい》の声《こえ》が廊下《ろうか》から聞《き》こえてきた。そして、

「ガラガラ」

と、戸《と》が開《あ》く音《おと》がした。

（よかった。先生《せんせい》たちが帰《かえ》ってきた！）

ゆっくりと徹《とおる》くんが目《め》を開《あ》けると、そこには女《おんな》の子《こ》はいなかった。

消《き》えたファイル

しばらくして徹《とおる》くんは体《からだ》を起《お》こし、そっとカーテンから顔《かお》を出《だ》した。小林先生《こばやしせんせい》が、

「大丈夫《だいじょうぶ》？」

と、驚《おどろ》いた表情《ひょうじょう》で聞《き》いてきた。徹《とおる》くんの顔《かお》が、保健室《ほけんしつ》に来《く》る前《まえ》よりも真《ま》っ青《さお》だったからだ。

「先生《せんせい》、そこの紙《かみ》、そこにあった紙《かみ》が……」

徹《とおる》くんが指《ゆび》をさした先《さき》に、〝あの紙《かみ》〟はなかった。それどころか、井《い》上先生《うえせんせい》の机《つくえ》の上《うえ》のボロボロのファイルもなくなっていた。窓《まど》もぴっちり閉《し》まっていた。どこからかクーラーのモーターの音《おと》がしてきた。

「まだ寝《ね》ていなくて大丈夫《だいじょうぶ》？　おうちの人《ひと》に連絡《れんらく》しましょうか？」

と、小林先生《こばやしせんせい》が心配《しんぱい》してくれたが、徹《とおる》くんは

「教室《きょうしつ》に戻《もど》ります」

と、保健室《ほけんしつ》を後《あと》にした。一刻《いっこく》も早《はや》く、にぎやかな友《とも》だちの声《こえ》を聞《き》きたかった。

——あれは夢《ゆめ》だったんだろうか。

——いや、夢《ゆめ》じゃない！

自分《じぶん》は、確《たし》かにあのファイルを見《み》たし、あの時吹《ときふ》いてきた風《かぜ》を体《からだ》で感《かん》じた。落《お》ちていた紙《かみ》を見《み》た。何《なに》よりもあの恐《おそ》ろしい女《おんな》の子《こ》の声《こえ》をこの耳《みみ》で聞《き》いた！　顔《かお》も見《み》た！

徹《とおる》くんは今《いま》でも思《おも》う。あの紙《かみ》には、何《なに》が書《か》いてあったんだろう。あの紙《かみ》を見《み》たらどうなっていたのだろう。

そして、女《おんな》の子《こ》の正体《しょうたい》は何《なん》だったんだろう、と。

ちなみに、この小学校《しょうがっこう》がある場所《ばしょ》には昔《むかし》、病院《びょういん》が建《た》っていたのだという。そしてちょうど保健室《ほけんしつ》の場所《ばしょ》に、治《なお》る見込《みこ》みのない病気《びょうき》の子《こ》どもたちが収容《しゅうよう》されていた病棟《びょうとう》があったのだそうだ。

本当《ほんとう》は怖《こわ》い デパート

買《か》い物客《ものきゃく》や店員《てんいん》さんが多《おお》く行《ゆ》き交《か》うデパートにも
怖《こわ》いウワサはたくさんあります。
にぎやかで華《はな》やかな場所《ばしょ》の影《かげ》にひそむ、怖《こわ》いウワサを紹介《しょうかい》しましょう。

エレベーターの白《しろ》い女《おんな》

夏休《なつやす》み、悟《さとる》くんは田舎《いなか》のおばあちゃんの家《いえ》の近《ちか》くにある、小《ちい》さな古《ふる》いデパートに来《き》ていた。

悟《さとる》くんはこの夏休《なつやす》み、1カ月《げつ》もおばあちゃんの家《いえ》にいた。

「毎日《まいにち》、山《やま》や川《かわ》でばかり遊《あそ》ぶのはつまらないだろう」

と、都会暮《とかいぐ》らしの悟《さとる》くんに、おばあちゃんが気《き》を使《つか》って連《つ》れてきてくれた、というわけだ。

「デパートで好《す》きなものを買《か》ってあげよう」

と言《い》うおばあちゃんに、悟《さとる》くんは、新《あたら》しい釣《つ》り道具《どうぐ》を買《か》ってもらおうと思《おも》っていた。

しかし、おばあちゃんが連《つ》れてきてくれたデパートは小《ちい》さかった。案《あん》内《ない》カウンターのお姉《ねえ》さんも、

「釣《つ》り道具《どうぐ》は扱《あつか》っておりません」

と、困《こま》った顔《かお》をした。おばあちゃんもすまなさそうにしていたが、仕《し》方《かた》がない。

「せっかくだから、夕飯《ゆうはん》の買《か》い物《もの》をして帰《かえ》ろうか」

と言《い》うおばあちゃんに悟《さとる》くんは、

「じゃあ、屋上《おくじょう》を見《み》てきていい？ ぼく、屋上《おくじょう》にいるよ」

と告《つ》げ、エレベーターに向《む》かって走《はし》っていった。

一緒《いっしょ》に、行《い》きましょう

悟《さとる》くんの家《いえ》の近《ちか》くのデパートの屋《おく》上《じょう》には、ミニ遊園地《ゆうえんち》がある。

実《じつ》は悟《さとる》くんはこのデパートに来《く》る前《まえ》から、

「このデパートの屋上《おくじょう》にも、遊園地《ゆうえんち》的《てき》な施設《しせつ》があるはずだ」

と、うずうずしていた。

というのも悟《さとる》くんは夏休《なつやす》み前《まえ》、お母《かあ》さんからお小遣《こづか》いをもらっていた。

これで、普段《ふだん》は「ダメ」と言《い》われているゲームを思《おも》いっきり楽《たの》しみたい、

というわけだ。

平日《へいじつ》の昼間《ひるま》のデパートは人《ひと》が少《すく》ない。特《とく》に、悟《さとる》くんが来《き》ているデパートは人《ひと》がいなかった。

悟《さとる》くんがエレベーターに乗《の》り込《こ》んだ時《とき》も、誰《だれ》もいなかった。

「えっと、屋上《おくじょう》は……」

悟《さとる》くんは、屋上《おくじょう》のボタンを押《お》した。階数《かいすう》をあらわす電光掲示板《でんこうけいじばん》が、2階《かい》、3階《かい》と、ゆるやかに変《か》わっていく。表示《ひょうじ》ボタンを見《み》ていると、ふと背後《はいご》で気配《けはい》を感《かん》じた。

ふり返《かえ》ると、血《ち》の気《け》のない、白《しろ》い顔《かお》をした髪《かみ》の長《なが》い女《おんな》の人《ひと》が、隅《すみ》に張《は》りつくように立《た》っていた。

「誰《だれ》か乗《の》ってたっけ?」

悟《さとる》くんは首《くび》をかしげながら、女《おんな》の人《ひと》に声《こえ》をかけた。

「何階《なんかい》で降《お》りますか?」

すると、女《おんな》の人《ひと》の腕《うで》がにゅうっと悟《さとる》くんのほうに伸《の》び、悟《さとる》くんの腕《うで》をつかんだ。そして氷《こおり》のように冷《つめ》たい手《て》で、悟《さとる》くんの腕《うで》をぎりぎりと締《し》め上《あ》げてきた。

悟《さとる》くんは恐怖《きょうふ》のあまり、声《こえ》が出《で》なかった。女《おんな》の人《ひと》は、

「お……屋上《おくじょう》へ……。屋上《おくじょう》へ一緒《いっしょ》に……行《い》き、ま、しょう」

低《ひく》い声《こえ》で言《い》うと、悟《さとる》くんに向《む》かってにやりと笑《わら》った。

「一緒《いっしょ》に……行《い》きましょう……」

悟《さとる》くんは、恐怖《きょうふ》で気《き》を失《うしな》う前《まえ》に、女《おんな》の人《ひと》が、悟《さとる》くんの顔《かお》をのぞき込《こ》んできたような気《き》がした。

封鎖《ふうさ》されていた屋上《おくじょう》

悟《さとる》くんが目《め》を覚《さ》ますと、デパートの医務室《いむしつ》のベッドの上《うえ》だった。

そして、大人《おとな》たちからこんな話《はなし》を聞《き》かされた。

悟《さとる》くんがエレベーターに向《む》かって走《はし》る姿《すがた》を見《み》て、おばあちゃんはすぐにその後《あと》を追《お》いかけたのだそうだ。

何故《なぜ》なら、このデパートの屋上《おくじょう》は封鎖《ふうさ》されていたからだ。

「さとるー！　屋上《おくじょう》には何《なに》もないよー！　行《い》くなら5階《かい》だよー！」

と、大声《おおごえ》で叫《さけ》んだが、エレベーターは上《うえ》の階《かい》へあがっていった。

気《き》になったおばあちゃんは、エレベーターに駆《か》けより、上《うえ》に行《い》くボタンを押《お》した。しかしエレベーターは屋上《おくじょう》でストップしたままで、一向《いっこう》に降《お》りてくる気配《けはい》がない。

そこでおばあちゃんは、デパートの警備員《けいびいん》に相談《そうだん》をした。デパートは、大騒《おおさわ》ぎになった。

悟《さとる》くんは、故障《こしょう》して屋上《おくじょう》に止《と》まったままになっていたエレベーターの中《なか》で発見《はっけん》された。

エレベーターの中《なか》には悟《さとる》くん以外《いがい》、誰《だれ》もいなかったという。

かなしい事故《じこ》

実《じつ》は、このデパートでは、何年《なんねん》か前《まえ》に飛《と》び降《お》り自殺《じさつ》をして亡《な》くなった女《おんな》の人《ひと》がいた。

女《おんな》の人《ひと》には子《こ》どもがいたが、離婚《りこん》して、子《こ》どもと離《はな》ればなれで暮《く》らしていた。どんな理由《りゆう》か分《わ》からないが、子《こ》どもは女《おんな》の人《ひと》の夫《おっと》によって育《そだ》てられていたからだ。

ただし、月《つき》に一度《いちど》だけは、子《こ》どもと会《あ》えることになっていた。

女《おんな》の人《ひと》が子《こ》どもとよく会《あ》っていたのは、当時《とうじ》このデパートの屋上《おくじょう》にあった、ミニ遊園地《ゆうえんち》だ。その日《ひ》も楽《たの》しい時間《じかん》を過《す》ごしたのだが、

「もう、子《こ》どもと別《わか》れたくない」

と思《おも》った女《おんな》の人《ひと》は、子《こ》どもと一緒《いっしょ》に死《し》のうとしたのだそうだ。

そして屋上《おくじょう》のヘリに腰《こし》かけ……。

その様子《ようす》を見《み》ていた別《べつ》のお客《きゃく》さんに、子《こ》どもは抱《だ》きかかえられて助《たす》かった。しかし、女《おんな》の人《ひと》だけ地面《じめん》へ落《お》ちて死《し》んでしまったのだという。

それ以来《いらい》、このデパートの屋上《おくじょう》は立《た》ち入《い》り禁止《きんし》になってしまった。

悟《さとる》くんは、

「一緒《いっしょ》に……行《い》きましょう……」

というあの声《こえ》が忘《わす》れられない。

「もし、あの時《とき》、ぼくが気《き》を失《うしな》わなかったら……」

悟《さとる》くんは、ぎゅっとつかんできた女《おんな》の人《ひと》の手《て》の冷《つめ》たさを思《おも》い出《だ》し、今《いま》でもゾッとするのだという。

呪《のろ》いのマネキン

礼奈《れな》さんの小学校《しょうがっこう》の近《ちか》くには、大《おお》きめのデパートがある。

デパートは、本来《ほんらい》は小学生《しょうがくせい》にはあまり縁《えん》のない場所《ばしょ》だ。しかしある年《とし》、礼奈《れな》さんの小学校《しょうがっこう》で、とある子《こ》ども服《ふく》のブランドの髪《かみ》かざりが大流行《だいりゅうこう》した。誰《だれ》もがそのブランドの髪《かみ》かざりをしていて、礼奈《れな》さんもいくつか持《も》っていた。

そのため、当時《とうじ》、そのデパートの子《こ》ども服《ふく》のフロアには、たくさんの小学生《しょうがくせい》がいた。

ある時《とき》、このブランド店《てん》にまつわるこんなウワサが流《なが》れた。

「店《みせ》の前《まえ》に飾《かざ》られている右側《みぎがわ》のマネキンは、実《じつ》は呪《のろ》いのマネキンだ。嫌《きら》いな人《ひと》の名前《なまえ》を言《い》いながらマネキン

の体《からだ》をさすると、嫌《きら》いな人《ひと》も同《おな》じ部《ぶ》分《ぶん》が悪《わる》くなる」

「この間《あいだ》、鉄棒《てつぼう》から落《お》ちて、腕《うで》の骨《ほね》を折《お》った6年《ねん》のサイトウさんも、マネキンに呪《のろ》われたらしい」

「5年《ねん》2組《くみ》が集団食中毒《しゅうだんしょくちゅうどく》を起《お》こしたのも、マネキンの仕業《しわざ》かもしれない」

どれも、根《ね》も葉《は》もないウワサだ。

しかしこういったウワサは広《ひろ》まりやすいもので、4年《ねん》の礼奈《れな》さんたちのクラスもこのウワサで持《も》ちきりになった。

「1組《くみ》の担任《たんにん》のスズキ先生《せんせい》、ムカつくから呪《のろ》ってやらない？」

という物騒《ぶっそう》なことを言《い》い出《だ》す人《ひと》もいたが、礼奈《れな》さんを含《ふく》む多《おお》くは、

「自分《じぶん》が疑《うたが》われたらいけないから、マネキンに近《ちか》づかないでおこう」

と思《おも》った。疑《うたが》われるほうが怖《こわ》いからだ。

このウワサ以来《いらい》、礼奈《れな》さんは、なんとなくそのブランドに対《たい》する熱《ねつ》が冷《さ》めてしまって、デパートに行《い》くことはなくなった。

うずくまるクラスメイト

その日《ひ》は、お母《かあ》さんの友《とも》だちが赤《あか》ちゃんを生《う》んだので、そのお祝《いわ》いの品物《しなもの》を探《さが》すために、礼奈《れな》さんはデパートにいた。

「あ、あのブランドだ」

礼奈《れな》さんは店《みせ》の前《まえ》で立《た》ち止《ど》まった。

一時期《いちじき》と比《くら》べて、小学生《しょうがくせい》の姿《すがた》はほとんどない。呪《のろ》いのあのマネキンはまだあった。

よくよく見《み》ると、マネキンの影《かげ》、足下《あしもと》の辺《あた》りで、マネキンをさすっている人《ひと》がいた。

「え？　誰《だれ》だろ」

そっとのぞいてみると、なんと同《おな》じクラスのみさちゃんだった。みさちゃんは、何《なに》かブツブツとつぶやいている。

礼奈《れな》さんは、みさちゃんに見《み》つからないように慌《あわ》ててかくれた。その日《ひ》はデパートを歩《ある》きながら、

「どうか、みさちゃんに見《み》つかりませんように」

と、気《き》が気《き》ではなかった。

本当《ほんとう》だった呪《のろ》いのウワサ

週明《しゅうあ》け、学校《がっこう》に行《い》くと、礼奈《れな》さんのクラスで人気者《にんきもの》のしおりちゃんが足《あし》の骨《ほね》を折《お》ったと、大騒《おおさわ》ぎになっていた。

遊《あそ》んでいて転《ころ》んだのだそうだが、その状況《じょうきょう》が尋常《じんじょう》ではなく、ケガの状《じょう》態《たい》も重《おも》いらしい。

「お見舞《みま》いに行《い》こう！」

「私《わたし》、授業《じゅぎょう》ノートを書《か》いてあげる」

と、みんなが口々《くちぐち》に言《い》っていた。

思《おも》わず礼奈《れな》さんは、みさちゃんのほうを見《み》た。みさちゃんはうっすら笑《わら》っていた。

その日《ひ》の休《やす》み時間《じかん》。礼奈《れな》さんはみさちゃんから、

「昨日《きのう》、礼奈《れな》ちゃんどこにいた？」

と、聞《き》かれた。

「え。家《いえ》だよ」

礼奈《れな》さんはつい、ウソをついた。


しばらくして、このブランド店《てん》のマネキンは姿《すがた》を消《け》した。ひょっとしたら、呪《のろ》いのウワサをお店《みせ》の人《ひと》が知《し》って、取《と》り外《はず》したのかもしれない。

それ以来《いらい》、礼奈《れな》さんは町《まち》で似《に》たようなマネキンを見《み》かけるたびに、恐《きょう》怖《ふ》で心臓《しんぞう》が止《と》まりそうになるのだそうだ。

本当《ほんとう》は怖《こわ》い 屋上《おくじょう》

高《たか》い場所《ばしょ》にあるうえ開放感《かいほうかん》あふれる屋上《おくじょう》は、
命《いのち》を落《お》とす人《ひと》も少《すく》なくありません。
屋上《おくじょう》に怪奇話《かいきばなし》が多《おお》いのは、そんな無念《むねん》の魂《たましい》が集《あつ》まっているからかもしれません。

こっちに、おいで

直海《なおみ》さんのお父《とう》さんは、いわゆる「転勤族《てんきんぞく》」だ。そのため直海《なおみ》さんの家《いえ》は、２～３年《ねん》おきに引《ひ》っ越《こ》しをくり返《かえ》している。

お母《かあ》さんは、

「せっかく友《とも》だちができても、すぐ離《はな》ればなれになるなんて、直海《なおみ》がかわいそうよ」

と、自分《じぶん》の実家《じっか》で直海《なおみ》さんとふたりで暮《く》らしたい、とお父《とう》さんと話《はな》し合《あ》ったこともあったと言《い》うが、

「やっぱり家族《かぞく》は一緒《いっしょ》が一番《いちばん》」

ということになり、家族《かぞく》で各地《かくち》を転々《てんてん》としている。

直海《なおみ》さんも小学校低学年《しょうがっこうていがくねん》までは、新《あたら》しい友《とも》だちと出会《であ》えたり、前《まえ》の友《とも》だちから手紙《てがみ》が来《き》たりして転校《てんこう》も楽《たの》しかった。

しかし、高学年《こうがくねん》にもなると、

「どうせ、友《とも》だちができてもすぐ引《ひ》っ越《こ》すんでしょ？」

という気持《きも》ちが強《つよ》くなっていた。

なので、今《いま》の小学校《しょうがっこう》に転校《てんこう》してきた時《とき》も、友《とも》だちを作《つく》る気《き》にはなれなかったし、この学校《がっこう》の児童《じどう》たちも、

「あいつ、ノリが悪《わる》いよな」

「ツンケンしていてムカつく」

「なんか暗《くら》くてこわーい」

と、直海《なおみ》さんに近《ちか》づこうとしなかった。

直海《なおみ》さんはいつもひとりだった。

そんな毎日《まいにち》の中《なか》で、直海《なおみ》さんが一《いち》番《ばん》のお気《き》に入《い》りだった場所《ばしょ》は、自分《じぶん》

たちが住《す》むマンションの屋上《おくじょう》だ。このマンションは10階建《かいだ》てで、この地《ち》域《いき》では抜《ぬ》きん出《で》て高《たか》かった。

さらに、このマンションの屋上《おくじょう》には小《ちい》さな祠《ほこら》と、季節《きせつ》の花々《はなばな》が咲《さ》く花《か》壇《だん》、テーブルといすもあった。

オーナーの趣味《しゅみ》のようで、とても居心地《いごこち》がよかったが、直海《なおみ》さんは他《ほか》の人《ひと》がいるのを見《み》たことがなかった。それも、直海《なおみ》さんにとっては好都合《こうつごう》だった。

また、屋上《おくじょう》に行《い》くと何《なん》となく歓迎《かんげい》されているような気《き》にもなった。

ということもあって、お母《かあ》さんから、

「9月《がつ》の初《はじ》めにまた別《べつ》の小学校《しょうがっこう》に転《てん》校《こう》することになるけど大丈夫《だいじょうぶ》?」

という話《はなし》を聞《き》かされた時《とき》は、

「屋上《おくじょう》、気《き》に入《い》っていたのにな」

と、切《せつ》なくなった。

お別《わか》れの記念《きねん》

次《つぎ》の転校先《てんこうさき》は、九州《きゅうしゅう》だ。

「美味《おい》しい食《た》べものがたくさんあるらしいよ」

「温泉《おんせん》にいっぱい行《い》こう」

と、直海《なおみ》さんの顔《かお》を見《み》るたび、お母《かあ》さんはなぐさめてくれたが、気《き》持《も》ちはあまり晴《は》れなかった。

学校《がっこう》で、先生《せんせい》の口《くち》から直海《なおみ》さんの転校《てんこう》が発表《はっぴょう》された時《とき》、クラスメイトが誰《だれ》ひとりとして、かなしそうな顔《かお》をしてくれなかったのもある。

仲《なか》がいい人《ひと》がいたわけではなかったので、そうだろうな、とは思《おも》っていた。でも、ショックだった。

「私《わたし》って何《なん》なんだろうな」

8月《がつ》の暑《あつ》さもあって、屋上《おくじょう》に行《い》く気《き》にもならなかった。

そして引《ひ》っ越《こ》し当日《とうじつ》。

デジタルカメラでその様子《ようす》をパシャパシャ撮《と》っているお母《かあ》さんを見《み》て、直海《なおみ》さんはふと思《おも》いついた。

「お母《かあ》さん、デジカメ貸《か》して！」

直海《なおみ》さんはデジカメを手《て》に、屋上《おくじょう》にのぼった。

最後《さいご》だから、記念《きねん》に撮《と》っておこうというわけだ。

屋上《おくじょう》の扉《とびら》を開《ひら》くと、夏《なつ》の暑《あつ》さのせいか、むわんと不快《ふかい》な空気《くうき》が立《た》ちこめていた。

花壇《かだん》の花《はな》も枯《か》れ、ひからびた茶色《ちゃいろ》い土《つち》がむき出《だ》しになっている。

（全然《ぜんぜん》来《き》てなかったから、屋上《おくじょう》が怒《おこ》ってるのかな。でも、今日《きょう》が最後《さいご》なの。バイバイ）

直海《なおみ》さんは心《こころ》の中《なか》で思《おも》いながら、何枚《なんまい》も写真《しゃしん》を撮《と》った。

カメラが見《み》たもの

その日《ひ》、九州《きゅうしゅう》への移動《いどう》の新幹線《しんかんせん》で、デジカメの写真《しゃしん》をチェックしていたお母《かあ》さんが、

「キャッ」

と、小《ちい》さな悲鳴《ひめい》をあげた。

そして、

「直海《なおみ》、あなた、何《なに》を撮《と》ったの？」

と聞《き》いてきた。

見《み》ると、屋上《おくじょう》の隅《すみ》の祠《ほこら》の辺《あた》りに小《ちい》さな黒《くろ》い塊《かたまり》が見《み》えた。その塊《かたまり》が、写《しゃ》真《しん》を撮《と》るにつれ、どんどん直海《なおみ》さんに近《ちか》づいてきているのだ。

直海《なおみ》さんが撮影《さつえい》した、一番最後《いちばんさいご》の写真《しゃしん》になると、塊《かたまり》は直海《なおみ》さんの足下《あしもと》の辺《あた》りまで来ていた。そして、屋上《おくじょう》の端《はし》では、たくさんの手が直海《なおみ》さんを手招《てまね》きしていた。

実《じつ》はこの屋上《おくじょう》には、マンションのオーナーが4歳《さい》の孫《まご》を連《つ》れてよく遊《あそ》びに来《き》ていた。しかしある日《ひ》、目《め》を離《はな》したすきに、孫《まご》は屋上《おくじょう》から下《した》をのぞき込《こ》み、地面《じめん》に落《お》ちてしまった。

屋上《おくじょう》のあの祠《ほこら》や花壇《かだん》は、その孫《まご》の霊《れい》をなぐさめるために作《つく》られたものだったのだ。

「この写真《しゃしん》、除霊《じょれい》したほうがいいかもね」

と、お母《かあ》さんに言《い》われたが、直海《なおみ》さんはその気にはなれなかった。

それからというもの、直海《なおみ》さんはいつも、自分《じぶん》の周《まわ》りに誰《だれ》かの気配《けはい》を感《かん》じていた。それは子《こ》どものようにキャッキャッととても明《あか》るいものだった。直海《なおみ》さんは転校先《てんこうさき》でも相変《あいか》わらずひとりぼっちだったが、おかげでさみしくはなかった。

問題《もんだい》は、学校《がっこう》でも図書館《としょかん》でも、よそのマンションでも、つい屋上《おくじょう》を見《み》てしまうことだ。

直海《なおみ》さんは、いつか自分《じぶん》が屋上《おくじょう》から飛《と》び降《お》りてしまうのではないかと思《おも》っている。困《こま》ったことに、それがあまり怖《こわ》くないのだそうだ。

死者《ししゃ》を復活《ふっかつ》させる方法《ほうほう》

紗季《さき》さんのお姉《ねえ》さんは、高校《こうこう》2年《ねん》生《せい》だ。美人《びじん》で、やさしくて、地元《じもと》でもトップクラスの進学校《しんがくこう》に通《かよ》っていて、紗季《さき》さんの自慢《じまん》だ。

この高校《こうこう》だが、ちょっと変《か》わった人《ひと》が多《おお》いそうで、お姉《ねえ》さんはいつもその話《はなし》をして、紗季《さき》さんを笑《わら》わせてくれた。

中《なか》でも、よく話題《わだい》にのぼるのが、怖《こわ》い話《はなし》や不思議《ふしぎ》な話《はなし》を研究《けんきゅう》する、「オカルト研究会《けんきゅうかい》」だ。

かなり活発《かっぱつ》なグループで、山《やま》にツチノコを探《さが》しに行《い》ったり、ＵＦＯを呼《よ》び出《だ》そうとしたり、心霊《しんれい》スポットに肝試《きもだめ》しに行《い》ったり、何《なに》かと話題《わだい》になるのだそうだ。

紗季《さき》さんのお姉《ねえ》さん自身《じしん》はオカルト研究会《けんきゅうかい》に友《とも》だちはいなかったが、そんなこともあって、

「昨日《きのう》あの人《ひと》たち、ＵＦＯを呼《よ》び出《だ》したら『本当《ほんとう》に来《き》た』って、写真《しゃしん》を見《み》せびらかしていたのよ。でも、Ｕ

FOなわけないじゃん」

などと、紗季《さき》さんに笑《わら》って聞《き》かせてくれた。

哀《かな》しい別《わか》れ

そんなある日《ひ》、紗季《さき》さんのお姉《ねえ》さんのクラスメイトの男子生徒《だんしせいと》が亡《な》くなった。交通事故《こうつうじこ》だった。

紗季《さき》さんのお姉《ねえ》さんは、この男子《だんし》生徒《せいと》が好《す》きだったようだ。その日《ひ》から部屋《へや》に引《ひ》きこもって泣《な》いていた。

「ごはんは？」

「いらない」

という会話《かいわ》を何回《なんかい》くり返《かえ》しただろうか。数日後《すうじつご》、お姉《ねえ》さんはようやく部屋《へや》から出《で》てきて、

「学校《がっこう》に行《い》く」

と、少《すこ》しだけ笑《わら》ってくれた。

その日《ひ》、紗季《さき》さんのお姉《ねえ》さんがハツラツとした笑顔《えがお》で帰《かえ》ってきた。あまりの変《か》わりぶりに家族《かぞく》も、

「学校《がっこう》で何《なに》かあったの？」

と、聞《き》くことすらできなかった。

そんな夜《よる》、紗季《さき》さんはお姉《ねえ》さんからこんな話《はなし》を聞《き》かされた。

「死者《ししゃ》をよみがえらせる方法《ほうほう》ってあるの知《し》ってる？　オカルト研究会《けんきゅうかい》の人《ひと》たちが、今《いま》テーマにしてるんだけどね。本当《ほんとう》にできるんだって」

紗季《さき》さんは、あの亡《な》くなった男子《だんし》生徒《せいと》のことを言《い》ってるんだなと、すぐに思《おも》った。

「どこでもいいの。5階以上《かいいじょう》の建物《たてもの》の屋上《おくじょう》でやるらしいんだけど……」

紗季《さき》さんは、その先《さき》は聞《き》きたくないなあと思《おも》った。お姉《ねえ》さんの目《め》が赤《あか》くギラギラと光《ひか》っていたからだ。

「あんたの友《とも》だちのマンション、8階建《かいだ》てでしょ？　なんとかして入《い》れてって頼《たの》めない？」

ヘラヘラ笑《わら》うお姉《ねえ》さんに、

「イヤだよ」

紗季《さき》さんは冷《つめ》たく断《ことわ》った。紗季《さき》さんは、お姉《ねえ》さんを初《はじ》めてイヤだなあと思《おも》った。

屋上《おくじょう》から来《き》たモノ

その数日後《すうじつご》、

「バタン」

という音《おと》で紗季《さき》さんは目《め》を覚《さ》ました。時計《とけい》を見《み》ると、夜《よる》の12時《じ》を過《す》ぎていた。

（ああ、お姉《ねえ》ちゃんが『死者《ししゃ》をよみがえらせる儀式《ぎしき》』に行《い》ったんだな）

と、紗季《さき》さんは思《おも》った。

紗季《さき》さんは、屋上《おくじょう》で『死者《ししゃ》をよみがえらせる儀式』をする、お姉《ねえ》さんの夢《ゆめ》を見《み》た。

場所《ばしょ》は学校《がっこう》の屋上《おくじょう》。魔法使《まほうつか》いが着《き》

るような、真《ま》っ黒《くろ》な衣装《いしょう》に身《み》を包《つつ》んだお姉《ねえ》さんが、何人《なんにん》かと輪《わ》になって、真《ま》ん中《なか》の「何《なに》か」を見《み》ている。

　すると、空《そら》から「何《なに》か」に向《む》かって、ビームのような、キラキラした光《ひかり》が降《ふ》り注《そそ》いだ。

（だから、屋上《おくじょう》だったんだな）

と、紗季《さき》さんは思《おも》った。不思議《ふしぎ》な夢《ゆめ》だった。

　次《つぎ》に紗季《さき》さんが目《め》を覚《さ》ましたのは、夜《よる》の3時《じ》だ。

「ズズズー、ズズズー」

と、何《なに》かを引《ひ》きずるような音《おと》が、紗季《さき》さんの部屋《へや》の前《まえ》の廊下《ろうか》から聞《き》こえてきた。

（怖《こわ》い）

紗季《さき》さんは思《おも》ったが、そのまま寝《ね》てしまった。

成功《せいこう》して得《え》たもの

　朝《あさ》、紗季《さき》さんが部屋《へや》のドアを開《あ》けると、廊下《ろうか》から魚《さかな》がくさったような、生臭《なまぐさ》い匂《にお》いがした。

「おはよう、紗季《さき》！」

　お姉《ねえ》さんも自分《じぶん》の部屋《へや》から出《で》てきて、紗季《さき》さんに抱《だ》きついた。廊下《ろうか》の匂《にお》いと同《おな》じ匂《にお》いがする。そして、

「結局《けっきょく》、学校《がっこう》の屋上《おくじょう》ですることになっちゃって、どうなるかと思《おも》ったけど、成功《せいこう》したわよ」

と、紗季《さき》さんに耳打《みみう》ちをした。

「……成功《せいこう》？」

　お姉《ねえ》さんの部屋《へや》から、ガタガタ、ガタガタと音《おと》がする。

　あまりの恐《おそ》ろしさに、紗季《さき》さんはその場《ば》に立《た》ち尽《つ》くしてしまった。

高所恐怖症《こうしょきょうふしょう》の理由《りゆう》

光瀬《みつせ》くんは高所恐怖症《こうしょきょうふしょう》だ。

それは、小学《しょうがく》2年生《ねんせい》の頃《ころ》に起《お》きたある事件《じけん》が原因《げんいん》だと思《おも》っている。

その日《ひ》は「生活《せいかつ》」の授業《じゅぎょう》で、初《はじ》めて先生《せんせい》に屋上《おくじょう》にあげてもらった。

「みんなで記念写真《きねんしゃしん》を撮《と》りまーす」

「男子《だんし》、走《はし》り回《まわ》らない」

「そこ、手《て》すりに近《ちか》づかないで」

と、屋上《おくじょう》からは校庭《こうてい》がどんな風《ふう》に見《み》えるのか、光瀬《みつせ》くんものぞいてみたいのだが、先生《せんせい》が許《ゆる》さない。

せっかくの体験《たいけん》だったのに、みんなが少《すこ》し不満《ふまん》を感《かん》じていた。

しかしその日《ひ》の昼休《ひるやす》み、クラスメイトのあきらくんが、教室《きょうしつ》に駆《か》け込《こ》んできて言《い》った。

「おい、屋上《おくじょう》に行《い》けるぜ」

「ぼくも行《い》きたい」

男子《だんし》が一斉《いっせい》に色《いろ》めき立《た》った。

屋上《おくじょう》に行《い》ってみると、クラスの男《だん》子《し》と女子《じょし》が何人《なんにん》かいた。

「いえーい」

みんなで広々《ひろびろ》とした屋上《おくじょう》の上《うえ》を走《はし》り回《まわ》った。

屋上《おくじょう》から、落《お》ちる

それよりも光瀬《みつせ》くんが興味《きょうみ》のあったのは、屋上《おくじょう》の端《はし》だ。

「下《した》がどんな風《ふう》に見《み》えるんだろう」

校庭《こうてい》はもちろん、上《うえ》から裏庭《うらにわ》の様《よう》子《す》も見《み》てみたかった。と、のぞき込《こ》んだ時《とき》、

「ワッ」

と、誰《だれ》かが光瀬《みつせ》くんの背中《せなか》を押《お》してきた。ゆうとくんだ。

「やめろよ」

と、にらみつけると、

「やーい、怖《こわ》がりー」

と、逃《に》げていった。

再《ふたた》び、屋上《おくじょう》から裏庭《うらにわ》をのぞき込《こ》んだ。するとまた、背中《せなか》を押《お》された。

「ワッ」

「ワッ」

光瀬《みつせ》くんは、頭《あたま》から飛《と》び込《こ》むようにして、自分《じぶん》が落《お》ちていくビジュアルが見《み》えた気《き》がした。

(あ、オレ、死《し》ぬんだ)

と思《おも》った瞬間《しゅんかん》、

「何《なに》をしてるんだ」

男《おとこ》の先生《せんせい》の声《こえ》がした。ビクッとして気付《きづ》くと、光瀬《みつせ》くんは屋上《おくじょう》の端《はし》にいた。先生《せんせい》は、みんなを屋上《おくじょう》から追《お》い出《だ》すと、ガチャンと扉《とびら》を閉《し》めた。

「ちえー」

児童《じどう》たちのブーイングをかき消《け》すように、昼休《ひるやす》みの終《お》わりを告《つ》げるチャイムが鳴《な》った。

その日《ひ》の終《お》わりの会《かい》は、担任《たんにん》の先《せん》生《せい》にキツく叱《しか》られた。先生《せんせい》から、

「どうやって入《はい》ったの？」

と聞《き》かれ、あきらくんが

「5、6年生《ねんせい》くらいの男《おとこ》の子《こ》が、屋《おく》上《じょう》の扉《とびら》の前《まえ》で、おいでおいでって手《て》招《まね》きしてたんだ」

と、しょんぼりと答《こた》えた。

光瀬《みつせ》くんはその後《ご》、図工《ずこう》の時間《じかん》にこの屋上《おくじょう》で絵《え》を描《か》いていた5年生《ねんせい》の男子児童《だんしじどう》が亡《な》くなっていたことを、お母《かあ》さんから教《おし》えてもらった。

光瀬《みつせ》くんは、自分《じぶん》が、

「落《お》ちる」

と思《おも》ったアレは、亡《な》くなった男子《だんし》児童《じどう》が実際《じっさい》に感《かん》じた思《おも》いだったのではないかと思《おも》っている。

本当《ほんとう》は怖《こわ》い図書室《としょしつ》

学内《がくない》の誰《だれ》もが自由《じゆう》に利用《りよう》できる図書室《としょしつ》にも、
怖《こわ》いウワサはひそんでいます。
しかしそれは、一方《いっぽう》では、哀《かな》しいウワサなのかもしれません。

絶対《ぜったい》に見《み》てはいけないノート

美羽《みう》さんの学校《がっこう》の図書室《としょしつ》の本棚《ほんだな》には、「絶対《ぜったい》に開《あ》けて見《み》てはいけない呪《のろ》われたノート」が、おさめられている。

といっても、これは単《たん》なるウワサにすぎない。

というのも美羽《みう》さん自身《じしん》、一度《いちど》もそのノートを見《み》たことがない。

美羽《みう》さんのお姉《ねえ》さんも昔《むかし》、友《とも》だちと一緒《いっしょ》に図書室《としょしつ》で「呪《のろ》われたノート」探《さが》しをしたことがあるそうだが、結局《けっきょく》見《み》つけることはできなかったという。

それでも、

「ある人《ひと》がノートを見《み》つけて、開《あ》けてみたら『死《し》ね』と書《か》かれてあって、本当《ほんとう》に3日以内《いない》に死《し》んだ」

とか、

「『死《し》ね』の字が赤《あか》い字《じ》なら3日以内《いない》、青《あお》い字《じ》なら3年以内《ねんいない》に死《し》ぬ。紫《むらさき》の字《じ》なら幸《しあわ》せになる」

というウワサもあって、美羽《みう》さんの学校《がっこう》の怪談《かいだん》のひとつとして有名《ゆうめい》だった。

では、一体《いったい》どんなノートなのだろうか。

ノートのウワサは、なんと美羽《みう》さんのお父《とう》さんが小学生《しょうがくせい》だった頃《ころ》からあったのだそうだ。

見《み》られてはいけないヒミツ

小学生《しょうがくせい》も中学年《ちゅうがくねん》にもなると、友《とも》だちと「交換日記《こうかんにっき》」を始《はじ》める女《おんな》の子《こ》がちらほらと出《で》てくる。A子もそんな女《おんな》の子のひとりだ。

A子《こ》は小学《しょうがく》4年生《ねんせい》の時《とき》、クラスがバラバラになったことをきっかけに、仲良《なかよ》しだった元《もと》クラスメイトのB子《こ》さん、C子《こ》さんと3人《にん》で交換日記《こうかんにっき》を始《はじ》めた。

最初《さいしょ》の頃《ころ》は、新《あたら》しいクラスであったことや家《いえ》であったこと、テレビの感想《かんそう》、好《す》きな芸能人《げいのうじん》のこと、宿題《しゅくだい》の相談《そうだん》などが主《おも》な内容《ないよう》だったが、だんだん自分《じぶん》の好《す》きな人《ひと》のことや、自分《じぶん》が嫌《きら》いな人《ひと》のことを細《こま》かく書《か》くようになった。

特《とく》にA子《こ》は、オープンに、

「今日《きょう》はD男《お》くんとおしゃべりできてうれしかった。D男《お》くん大好《だいす》き」

だとか、

「E美《み》やF美《み》が、違《ちが》うクラスなのにD男《お》くんになれなれしくやって来《き》て、ムカつく。大《だい》っ嫌《きら》い」

と、自分《じぶん》の心《こころ》の全《すべ》てを書《か》き出《だ》していた。時《とき》には、

「死《し》ねばいいのに」

という過激《かげき》な一文《いちぶん》もあり、この交換日記《こうかんにっき》は3人《にん》の「絶対《ぜったい》のヒミツ」だった。

ヒミツがバレた！

しかし、そんなある日《ひ》、この交換《こうかん》日記《にっき》ノートがあろうことか図書室《としょしつ》で発見《はっけん》された。

犯人《はんにん》は、E美《み》やF美《み》と同《おな》じクラスになり、E美《み》やF美《み》と急速《きゅうそく》に仲《なか》が良《よ》くなったB子《こ》だ。

A子《こ》と激《はげ》しいケンカをして、腹《はら》を立《た》てたB子《こ》が、自分《じぶん》とC子《こ》の書《か》いたページだけを丁寧《ていねい》にやぶり、図書室《としょしつ》

に放置《ほうち》したのだ。

運《うん》の悪《わる》いことに、これを見《み》つけたのが、6年生《ねんせい》の〝悪《わる》ガキ〟たちだった。6年生《ねんせい》たちは、このノートを手《て》に、わざわざ4年生《ねんせい》のA子《こ》たちのクラスまで行《い》き、

「おーい、A子《こ》って誰《だれ》？　コイツD男《お》ってヤツのことが好《す》きらしいぞ」

「この交換日記《こうかんにっき》の中身《なかみ》すげーぞ。見《み》たい人《ひと》、集《あつ》まれー！」

ということをやらかした。

クラスは大騒《おおさわ》ぎになり、男子《だんし》たちは一斉《いっせい》にA子《こ》とD男《お》をひやかしはじめた。

A子《こ》は泣《な》き帰《がえ》り、それっきり学校《がっこう》に来《こ》なくなった。

呪《のろ》いの理由《りゆう》

その後《ご》、A子《こ》は心《こころ》を病《や》んでそのまま亡《な》くなってしまったとか、学校《がっこう》の全員《ぜんいん》を呪《のろ》いながら自殺《じさつ》をしたなどというウワサが流《なが》れたが、本当《ほんとう》のところは分《わ》かっていない。

ただ、同時《どうじ》に、

「誰《だれ》かが捨《す》てたはずのA子《こ》の『交換《こうかん》日記《にっき》』が、図書室《としょしつ》に現《あらわ》れることがある。触《さわ》るだけなら何《なに》も起《お》きない。しかし、この『交換日記《こうかんにっき》』を開《ひら》き、中《なか》身《み》を読《よ》んだ人間《にんげん》は、A子《こ》の怨霊《おんりょう》に呪《のろ》い殺《ころ》される」

というウワサがささやかれはじめたのだそうだ。

実《じつ》は美羽《みう》さんの学校《がっこう》で「呪《のろ》いのノート」の話《はなし》は有名《ゆうめい》だが、その呪《のろ》わ

れたノートの原因《げんいん》となった、このA子《こ》の詳《くわ》しいエピソードは、あまり知《し》られていない。

だからこそ、初《はじ》めてA子《こ》の詳《くわ》しい話《はなし》を、お姉《ねえ》さんから聞《き》かされた美羽《みう》さんは、ギクッとしたという。

何故《なぜ》ならまさにその時《とき》美羽《みう》さんは、自分《じぶん》と交換日記《こうかんにっき》をしている友《とも》だちの誰《だれ》にも言《い》えない黒《くろ》いヒミツを、何《なん》とかしてバラしてやりたいと思《おも》っていたからだ。

「私《わたし》を怒《おこ》らせると怖《こわ》いんだから」

というわけだ。

ひょっとしたら、呪《のろ》われたノートよりも怖《こわ》いのは、友《とも》だちのヒミツをみんなに話《はな》して、おとしめようとする、「生《い》きた人間《にんげん》の心《こころ》」なのかもしれない。

本棚《ほんだな》の土《つち》のヒミツ

翔《しょう》くんの小学校《しょうがっこう》では、図書室《としょしつ》の窓《まど》際《ぎわ》の本棚《ほんだな》に、グラウンドの土《つち》がこんもりと置《お》かれていることがある。

この土《つち》は、決《けっ》して乱暴《らんぼう》に扱《あつか》ってはいけない。それはこの土《つち》に、こんな哀《かな》しいいわれがあるからだ。

昔《むかし》、この小学校《しょうがっこう》に、一度《いちど》も体育《たいいく》の授業《じゅぎょう》を受《う》けたことがない体《からだ》の弱《よわ》い男《おとこ》の子《こ》がいた。

男《おとこ》の子《こ》は小学《しょうがく》4年生《ねんせい》で、生《う》まれつき心臓《しんぞう》が弱《よわ》く、他《ほか》の子《こ》と同《おな》じように走《はし》ったり飛《と》んだりすることができなかった。男《おとこ》の子《こ》は学校《がっこう》を休《やす》むことも多《おお》かった。

そもそも日光《にっこう》にあたること自体《じたい》、男《おとこ》の子《こ》の体《からだ》にはよくなく、体育《たいいく》の時《じ》間《かん》はこの男《おとこ》の子《こ》だけ、図書室《としょしつ》で本《ほん》を読《よ》んで過《す》ごしていた。

男《おとこ》の子《こ》の特等席《とくとうせき》は、窓際《まどぎわ》の本棚《ほんだな》の上《うえ》だ。

グラウンドで体育《たいいく》の授業《じゅぎょう》が行《おこな》われている日《ひ》は、男《おとこ》の子《こ》は本棚《ほんだな》の上《うえ》に座《すわ》ってカーテンの陰《かげ》にかくれ、日光《にっこう》をよけながら、クラスメイトが楽《たの》しげにスポーツをしている様子《ようす》をながめていた。

転《ころ》がってきたボール

そんなある日《ひ》の体育《たいいく》の時間《じかん》、いつものように男《おとこ》の子《こ》が図書室《としょしつ》で本《ほん》を読《よ》んでいると、図書室《としょしつ》の窓《まど》にソフトボールがコツンとあたり、地面《じめん》に落《お》ちた。この日《ひ》の授業《じゅぎょう》は、ソフトボールだった。

男《おとこ》の子《こ》が窓《まど》を開《あ》けて、グラウンド

に目《め》をやると、どうやら誰《だれ》かがホームランを打《う》ったらしい。

「おーい！　そのボール、こっちこっち！」

ひらひらと手《て》を振《ふ》りながら走《はし》ってくる声《こえ》の主《ぬし》を見《み》ると、男《おとこ》の子《こ》の親友《しんゆう》だった。

他《ほか》の児童《じどう》たちも男《おとこ》の子《こ》の存在《そんざい》に気《き》付《づ》くと、

「今日《きょう》はくもってるし、こっちで見《けん》学《がく》しても大丈夫《だいじょうぶ》じゃない？」

「ソフトボールくらいならいけるだろ？　代打《だいだ》で一球《いっきゅう》打《う》たせてやるよ」

と口々《くちぐち》に、男《おとこ》の子《こ》に大《おお》きな声《こえ》で聞《き》いてきた。

「よーし！」

クラスメイトたちから声《こえ》をかけられ、うれしくなった男《おとこ》の子《こ》は図書室《としょしつ》の窓《まど》を乗《の》り越《こ》え、砂《すな》のついたボールを拾《ひろ》った。先生《せんせい》の、

「ダメだぞー」

という声《こえ》が聞《き》こえてきた。

禁断《きんだん》のランニング

男《おとこ》の子《こ》は、生《う》まれてから数《かぞ》えるぐらいしかソフトボールをつかんだことがなかった。

「ボール、あの子《こ》のとこまで投《な》げられないな。今日《きょう》は体《からだ》の調子《ちょうし》もいいし、近《ちか》くまで持《も》っていこう」

と、気《き》がついた時《とき》には男《おとこ》の子《こ》は走《はし》り出《だ》していた。といっても、とてもゆっくりとしたスピードだが。

「はぁはぁ」

走《はし》りなれていないせいか男《おとこ》の子《こ》の息《いき》はすぐにあがった。そして思《おも》い切《き》ってボールを投《な》げようとした瞬間《しゅんかん》、その場《ば》に倒《たお》れてしまった。

急《いそ》いで救急車《きゅうきゅうしゃ》が呼《よ》ばれ、男《おとこ》の子《こ》はすぐに病院《びょういん》に運《はこ》ばれたが、残念《ざんねん》なことにそのまま亡《な》くなってしまった。

男《おとこ》の子《こ》の手《て》にはソフトボールと、グラウンドの土《つち》がしっかりと握《にぎ》られていたという。

それからというもの、男《おとこ》の子《こ》がいつもいた図書室《としょしつ》の窓際《まどぎわ》の本棚《ほんだな》の上《うえ》に、ひとつかみのグラウンドの土《つち》が置《お》かれていることが、あるのだそうだ。

ひょっとしたら、みんなと体育《たいいく》がしたかった男《おとこ》の子《こ》の霊《れい》が図書室《としょしつ》と、グラウンドを行《い》ったり来《き》たりしているのかもしれない。

だからこそ、

「なんだよこれ」

と、乱暴《らんぼう》に土《つち》をはらいのけたりすると……。心臓《しんぞう》がしめつけられるように痛《いた》くなったり、最悪《さいあく》の場合《ばあい》、死《し》に至《いた》ることもあるのだそうだ。

本当《ほんとう》は怖《こわ》い

ホテル

怖《こわ》い話《はなし》がつきものの場所《ばしょ》、ホテル。
それは、その場所《ばしょ》から離《はな》れられない“霊《れい》”が
宿泊客《しゅくはくきゃく》に、“気付《きづ》いて!”というメッセージを発《はっ》しているからではないでしょうか。

おぼれ死《し》ぬ夢《ゆめ》

忍《しのぶ》くんが、1年前《ねんまえ》の旅行《りょこう》で体験《たいけん》した話《はなし》だ。

夏休《なつやす》み、忍《しのぶ》くんは釣《つ》り好《ず》きのお父《とう》さんと、北陸《ほくりく》のとある漁師町《りょうしまち》で釣《つ》りに来《き》ていた。しかし、その日《ひ》は全《まった》く魚《さかな》が釣《つ》れない。

「もう、帰《かえ》ろうよ」

飽《あ》きてきた忍《しのぶ》くんは、お父《とう》さんに訴《うった》えたが、

「もうちょっと待《ま》て。夕方《ゆうがた》からが勝負《しょうぶ》だ」

と、お父《とう》さんはなかなか釣《つ》りをやめようとしない。そうしているうちに、空《そら》がくもり、雨《あめ》が降《ふ》り出《だ》した。

ずぶぬれになってしまったこともあり、その日《ひ》は近《ちか》くのホテルで一泊《いっぱく》して帰《かえ》ることになった。

電話口《でんわぐち》でお母《かあ》さんは怒《おこ》っていたようだったが、忍《しのぶ》くんはワクワクしていた。

ただ、夏休《なつやす》み中《ちゅう》ということもあり、便利《べんり》な場所《ばしょ》にあるホテルは全《すべ》て満室《まんしつ》で、ようやく予約《よやく》できたのは、町外《まちはず》れの海沿《うみぞ》いに建《た》つさびれたホテルだった。

素泊《すど》まりということで、夕食《ゆうしょく》はお父《とう》さんとふたり、コンビニで買《か》ってきたおにぎりなどを自分《じぶん》たちの部屋《へや》で、それぞれのベッドに腰《こし》かけて、寂《さび》しく食《た》べた。

「温泉《おんせん》もないんだってさ」

と、お父《とう》さんは、ビールを飲《の》み、

「明日《あす》は早《はや》めに起《お》きて、港《みなと》の朝市《あさいち》によってから、お母《かあ》さんにお土産《みやげ》を

買《か》って家《いえ》に帰《かえ》ろうな」

と、さっさと寝《ね》てしまった。

不気味《ぶきみ》すぎる部屋《へや》

忍《しのぶ》くんは寝《ね》られなかった。

（別々《べつべつ》のベッドじゃなくて、お父《とう》さんと一緒《いっしょ》にしてもらえばよかった）

と、何度《なんど》も寝返《ねがえ》りをうった。部屋《へや》はどこか薄汚《うすよご》れていて、少《すこ》しすっぱい臭《にお》いがした。あまりきかないクーラーの室外機《しつがいき》の音《おと》が、ゴゴゴゴゴーと、低《ひく》い音《おと》を立《た》てていた。雨《あめ》の音《おと》もひっきりなしに続《つづ》いていて、時々《ときどき》、稲光《いなびかり》がピカッと光《ひか》った。

何《なに》から何《なに》まで、不気味《ぶきみ》だった。

それでも、忍《しのぶ》くんは、いつの間《ま》にか眠《ねむ》っていた。

忍《しのぶ》くんの目《め》が覚《さ》めたのは、不思議《ふしぎ》な夢《ゆめ》を見《み》たからだ。

忍《しのぶ》くんは目《め》の前《まえ》の海《うみ》で船《ふね》に乗《の》って釣《つ》りをしていたのだが、大《おお》きな波《なみ》にさらわれて、船《ふね》がひっくり返《かえ》り、海《うみ》に落《お》ちてしまった。

一瞬《いっしゅん》、どっちが海面《かいめん》か分《わ》からなくなった。

なんとか海上《かいじょう》に顔《かお》を出《だ》すことができたと思《おも》ったら、誰《だれ》かに足《あし》をグン、と引《ひ》っぱられた。

（何《なん》だ？）

引《ひ》っぱってくる何《なに》かを蹴《け》りつけ、なんとか船《ふね》のへりに手《て》をかけようと、もがくが、手《て》はいくつもいくつも出《で》てくる。

気《き》がつくと、このホテルのロビーで寝《ね》かされていた。

ヒソヒソと声《こえ》がして、目覚《めざ》めようとするのだが、目《め》が開《あ》かない。体《からだ》も動《うご》かない。

自分《じぶん》の周《まわ》りにたくさんの人《ひと》が集《あつ》まって、泣《な》いている様子《ようす》はひしと伝《つた》わってきた。しかし、その様子《ようす》を見《み》たくて目《め》を開《あ》けようとするのだが、どうしても開《あ》けることができない。

「この若《わか》さで……」

という声《こえ》が聞《き》こえてきた。

「かわいそうに、これからなのに」

という声《こえ》もした。忍《しのぶ》くんは、自分《じぶん》は死《し》んだことにされていると思《おも》った。でも、自分《じぶん》は確《たし》かに生《い》きている！

足《あし》を引《ひ》っぱる手《て》

パッと目《め》を覚《さ》ますとホテルの部屋《へや》で、まだ真《ま》っ暗《くら》だった。

お父《とう》さんのほうを見《み》ようとした瞬《しゅん》間《かん》、金縛《かなしば》りにあった。

「クス、クス、クス、クス」

という、子《こ》どもの笑《わら》い声《ごえ》がどこからか聞《き》こえてきた。忍《しのぶ》くんがもがいていると、暗闇《くらやみ》から子《こ》どもの手《て》が出《で》てきた。

手《て》は、ひとつ、ふたつ、みっつ、よっつと増《ふ》えてくる。

「助《たす》けて、お父《とう》さん、お父《とう》さん！」

と叫《さけ》ぼうとしているうちに、いつの間《ま》にかまた、寝《ね》てしまった。

「お前《まえ》、相変《あいか》わらずすごい寝相《ねぞう》だな。そろそろ起《お》きろ」

という、お父《とう》さんの声《こえ》がした。

「おい、お前《まえ》、これどうしたんだ」

と怒鳴《どな》られ、忍《しのぶ》くんは完全《かんぜん》に目覚《めざ》

めた。

気《き》がつくと、忍《しのぶ》くんはベッドの下《した》のほうで寝《ね》ていた。そして……お父《とう》さんに促《うなが》されるまま、足《あし》を見《み》ると、たくさんの手《て》の跡《あと》がついていた。

海《うみ》に引《ひ》きずられる、夢《ゆめ》のあの感触《かんしょく》を思《おも》い出《だ》して、忍《しのぶ》くんは大《おお》きな叫《さけ》び声《ごえ》をあげた。

幽霊《ゆうれい》がいるか知《し》る方法《ほうほう》

ホテルや民宿《みんしゅく》には、霊《れい》が集《あつ》まりやすいといわれている。

「霊感《れいかん》が強《つよ》い人《ひと》が、連《つ》れてきて、置《お》いて帰《かえ》ってしまう」

という説《せつ》もあるが、そもそもホテルや民宿《みんしゅく》の部屋《へや》は、閉《し》め切《き》られた空間《くうかん》だ。

思《おも》わぬ事故《じこ》や病気《びょうき》で人知《ひとし》れず亡《な》くなってしまったり、誰《だれ》かに殺《ころ》されたり、自殺《じさつ》をしたり、ということもあるのかもしれない。

なにかと「怖《こわ》いウワサ」がつきまとう場所《ばしょ》だが、事実《じじつ》、

「幽霊《ゆうれい》が出《で》る」

という、いわくつきの部屋《へや》も存在《そんざい》する。

そんな部屋《へや》には、絵《え》の額縁《がくぶち》やテレビ台《だい》の後《うし》ろ、冷蔵庫《れいぞうこ》やベッドの下《した》、壁紙《かべがみ》の中《なか》などに、お札《ふだ》が貼《は》られていることがよくあるという。

しかし、宿泊客《しゅくはくきゃく》にお札《ふだ》が見《み》つかってしまうと、インターネットなどで、勝手《かって》に公表《こうひょう》されてしまう可能性《かのうせい》がある。

そうなると、ホテルに人《ひと》が泊《と》まってくれなくなる。

そこで最近《さいきん》はホテル側《がわ》も、より見《み》つからない場所《ばしょ》に、お札《ふだ》を貼《は》るようにしているのだそうだ。

それでも、霊《れい》がいるかいないかを、簡単《かんたん》に調《しら》べる方法《ほうほう》がある。その部屋《へや》の真《ま》ん中《なか》で、手《て》をパチンと叩《たた》けばいいのだ。

霊《れい》がいないと、パーンと大《おお》きな音《おと》が響《ひび》く。しかし、その場所《ばしょ》に何《なん》らかの霊《れい》がいると、パンと少《すこ》しくぐもった音《おと》になるのだそうだ。

部屋《へや》に何《なに》かいる！

亜梨沙《ありさ》さんは、家族旅行《かぞくりょこう》で泊《と》まったホテルで、パンと、手《て》を叩《たた》いてみたことがある。

とある民宿《みんしゅく》で、亜梨沙《ありさ》さんは部屋《へや》に入《はい》った瞬間《しゅんかん》、気持《きも》ちが悪《わる》いと思《おも》っ

たそうだ。そこで家族《かぞく》に断《ことわ》ってひとりで部屋《へや》に入《はい》り、

「パン」

と手《て》を叩《たた》いてみた。案《あん》の定《じょう》、音《おと》が小《ちい》さく、くぐもって聞《き》こえた。

「パン」

やっぱり、小《ちい》さく聞《き》こえる。亜梨沙《ありさ》さんは、部屋《へや》のあちこちで、

「パン」「パン」「パン」

と、手《て》を叩《たた》いてみた。何度《なんど》か叩《たた》いていると、奥《おく》から、

「うるせーな」

という、地《ち》の底《そこ》から響《ひび》いてくるような、くぐもった男《おとこ》の人《ひと》の声《こえ》が聞《き》こえてきた。

亜梨沙《ありさ》さん家族《かぞく》は、ホテルの人《ひと》に苦情《くじょう》を言《い》い、急《いそ》いで部屋《へや》を替《か》えてもらった。

はじき返《かえ》された音《おと》

武《たけし》くんも、修学旅行《しゅうがくりょこう》で泊《と》まったホテルの部屋《へや》で、

「パン」

と手《て》を叩《たた》いてみたことがある。自分《じぶん》の部屋《へや》では音《おと》が響《ひび》いたが、友《とも》だちのリョウくんの部屋《へや》では、音《おと》が小《ちい》さくこもって聞《き》こえた。

するとなんと、リョウくんの部屋《へや》で夜《よる》、本当《ほんとう》に心霊現象《しんれいげんしょう》があった。

「パン」「パン」

という音《おと》が何度《なんど》も聞《き》こえ、リョウくんはその音《おと》の主《ぬし》にこう言《い》われたのだそうだ。

「呼《よ》び出《だ》したのは、お前《まえ》らだ！」

百物語《ひゃくものがたり》で現《あらわ》れたもの

これは、凛子《りんこ》さんが小学校《しょうがっこう》の修学《しゅうがく》旅行《りょこう》の時《とき》に体験《たいけん》した話《はなし》だ。

凛子《りんこ》さんの学校《がっこう》は、さほど大《おお》きくなく、各学年《かくがくねん》１クラスしかない。そのため、クラス全体《ぜんたい》が仲《なか》がいい。

修学旅行《しゅうがくりょこう》の行《い》き先《さき》や日程《にってい》が発表《はっぴょう》された時《とき》も、「何人《なんにん》かでやってみたい」ということが話題《わだい》にのぼった。その中《なか》に「百物語《ひゃくものがたり》」があった。

凛子《りんこ》さんのクラスでは、「怖《こわ》い話《はなし》」がはやっていた。インターネットなどで仕入《しい》れてきた「怖《こわ》い話《はなし》」をするクラスメイトも何人《なんにん》かいた。

それを修学旅行《しゅうがくりょこう》なら、夜通《よどお》しで思《おも》う存分《ぞんぶん》できるのではないか、というわけだ。

「百物語《ひゃくものがたり》」とは、夜《よる》、５人以上《にんいじょう》の人《ひと》が集《あつ》まって、順《じゅん》に怖《こわ》い話《はなし》を百話《ひゃくわ》にな

るまでしていくという、日本《にほん》に古《ふる》くから伝《つた》わる遊《あそ》びだ。

みんなで怖《こわ》い話《はなし》を始《はじ》める前《まえ》にまず、百本《ひゃっぽん》のロウソクを灯《とも》す。そして参加《さんか》者《しゃ》が順番《じゅんばん》に話《はな》していく。ひとつ話《はな》し終《お》えると、ひとつロウソクを吹《ふ》き消《け》す。

そうして百話《ひゃくわ》を話《はな》し終《お》え、部屋《へや》が真《ま》っ暗《くら》になった時《とき》、怪奇現象《かいきげんしょう》が起《お》こるのだそうだ。

「やってみようよ！」

と、クラスの言《い》い出《だ》しっぺ、ゆりちゃんに誘《さそ》われた時《とき》、凜子《りんこ》さんは実《じつ》は、最初《さいしょ》あまり乗《の》り気《き》ではなかった。人数《にんずう》が少《すく》なければ少《すく》ないだけ、怖《こわ》いからだ。

しかし、公立《こうりつ》ではなく、私立中学《しりつちゅうがく》への進学《しんがく》を目指《めざ》しているクラスメイトも何人《なんにん》かいて、

「思《おも》い出《で》に残《のこ》ることがしたい」

と言《い》う子《こ》がちらほらいた。

さらにメンバーに、人気者《にんきもの》のみつるくんも加《くわ》わることになった。凜子《りんこ》さんはがぜん、やる気《き》になった。

結果《けっか》、参加者《さんかしゃ》は13人《にん》になった。クラスの3分《ぶん》の1だ。凜子《りんこ》さんは、修《しゅう》学旅行《がくりょこう》が楽《たの》しみだった。

集《あつ》まってきた何《なに》か

そして、修学旅行《しゅうがくりょこう》の百物語《ひゃくものがたり》の日《ひ》。

ホテルは、九州《きゅうしゅう》のとある温泉地《おんせんち》にあった。古《ふる》いホテルで、修学旅行生《しゅうがくりょこうせい》を多《おお》く受《う》け入《い》れているようだった。

というのも、10人部屋《にんべや》という、メンバーが余裕《よゆう》で入《い》れるくらいの、広《ひろ》い

客室《きゃくしつ》がいくつもあったからだ。

　さて、百物語《ひゃくものがたり》がスタートした。人《にん》数《ずう》は飛《と》び入《い》りもあって、クラスのほとんどになっていた。ロウソクは危《あぶ》ない、ということで、5話《わ》話《はな》し終《お》わったら、懐中電灯《かいちゅうでんとう》をひとつ、消《け》すことにした。

　最初《さいしょ》の頃《ころ》は、みんなテンションが高《たか》かったが、話《はなし》が進《すす》むにつれ、退屈《たいくつ》な空気《くうき》が流《なが》れてきた。

　眠気《ねむけ》に負《ま》けて、いつの間《ま》にか布団《ふとん》に横《よこ》になって、寝《ね》てしまう人《ひと》もいた。

　凛子《りんこ》さんはそれでも起《お》きていた。ガタガタと窓《まど》を揺《ゆ》らす、風《かぜ》の音《おと》が気《き》になっていたからだ。

百物語《ひゃくものがたり》のおそろしさ

　と、49話《わ》目《め》。りかちゃんが話《はなし》をしていたときのことだ。戸口《とぐち》から、

「お前《まえ》ら、違《ちが》う部屋《へや》の人間《にんげん》は、元《もと》に戻《もど》れ。そろそろ寝《ね》ろ」

　という、担任《たんにん》の鈴木先生《すずきせんせい》の声《こえ》が聞《き》こえてきた。みんなが一斉《いっせい》に、懐中《かいちゅう》電灯《でんとう》を消《け》した。

　5分《ふん》ほどして、誰《だれ》かが、

「もうやめようか」

　と言《い》い出《だ》した。凛子《りんこ》さんはちょっと、ホッとした。

　誰《だれ》かが、部屋《へや》の電気《でんき》をつけたその時《とき》だ。

「キャーッ」

　という叫《さけ》び声《ごえ》があがった。叫《さけ》び声《ごえ》の理由《りゆう》に気付《きづ》いた他《ほか》の子《こ》たちも、次々《つぎつぎ》に叫《さけ》んだ。

　なんと窓一面《まどいちめん》に、無数《むすう》の手《て》のひらの跡《あと》があったからだ。

　百物語《ひゃくものがたり》を始《はじ》める前《まえ》は、なかったはずだ。手《て》の跡《あと》は、大人《おとな》の手《て》のような大《おお》きいものも、子《こ》どもの手《て》のような小《ちい》さいものもあった。

　ホテルは海《うみ》のすぐそばに建《た》っていて、凛子《りんこ》さんたちがいた部屋《へや》は、絶《ぜっ》壁《ぺき》に面《めん》した部屋《へや》でしかも4階《かい》にあった。

　では一体《いったい》、誰《だれ》が手《て》の跡《あと》をつけたのだろうか？

　百物語《ひゃくものがたり》は、全《すべ》て話《はな》し終《お》わった後《あと》に怪奇現象《かいきげんしょう》が起《お》こるという。

　しかし、終《お》わった後《あと》に幽霊《ゆうれい》が出《で》るのではなく、実《じつ》は話《はなし》が進《すす》むにつれ、ぞくぞくと霊《れい》が集《あつ》まってくるともいわれている。

　ひょっとしたら、凛子《りんこ》さんたちがいた部屋《へや》にも、多《おお》くの霊《れい》たちが「怖《こわ》い話《はなし》」に呼《よ》ばれ、みちびかれ、集《あつ》まってきていたのかもしれない。

本当《ほんとう》は怖《こわ》い塾《じゅく》

放課後《ほうかご》、学校《がっこう》の授業《じゅぎょう》についてさらに学《まな》びを深《ふか》める塾《じゅく》には、
一見《いっけん》、怖《こわ》いウワサはなさそう!?
いえいえ、人《ひと》がいる以上《いじょう》、怪奇談《かいきだん》は存在《そんざい》するのです。

禁断《きんだん》のくだり階段《かいだん》

愛《あい》さんは、大手学習塾《おおてがくしゅうじゅく》に通《かよ》っている。宿題《しゅくだい》が多《おお》く、スパルタ塾《じゅく》として有名《ゆうめい》だったこともあり、「塾《じゅく》は勉強《べんきょう》だけするところ」だと思《おも》っていた。その日《ひ》までは……。

ある日《ひ》、いつものように塾《じゅく》の教室《きょうしつ》に入《はい》り、予習《よしゅう》をしていると、別《べつ》の小《しょう》学校《がっこう》に通《かよ》う友《とも》だち、もえちゃんが駆《か》けよってきた。

「ねえねえ、愛《あい》ちゃん、こんなウワサ知《し》ってる?」

もえちゃんはいわゆる「事情通《じじょうつう》」で、いろんな面白《おもしろ》い話《はなし》を聞《き》かせてくれる。

「なになに?」

次《つぎ》の授業《じゅぎょう》のテキストから顔《かお》をあげ、愛《あい》さんがもえちゃんのほうを見《み》ると、もえちゃんはニコニコと、この塾《じゅく》にまつわる不思議《ふしぎ》なウワサ話《ばなし》を始《はじ》めた。

「この校舎《こうしゃ》の4階《かい》に続《つづ》く階段《かいだん》にね、『立《た》ち入《い》り禁止《きんし》』のロープが張《は》られてるでしょ? 何《なん》でか知《し》ってる? のぼるのは普通《ふつう》にのぼれるんだって。でもね、下《お》りる時何段下《ときなんだんお》りても、いつまでたっても、下《お》りられない時《とき》があるらしいよ」

「まさか」

「本当《ほんとう》だよ。特《とく》に、夜《よる》の授業《じゅぎょう》の後《あと》は、絶対《ぜったい》にのぼっちゃダメなんだって!」

愛《あい》さんはあることを思《おも》い出《だ》し、頭《あたま》の中《なか》が真《ま》っ白《しろ》になった。

「本当《ほんとう》だよー」

そしてもえちゃんは、こんな話《はなし》を

始《はじ》めた。

待《ま》って！最後《さいご》まで聞《き》いて！

10年以上前《ねんいじょうまえ》のことだ。とある女子《じょし》児童《じどう》がこの塾《じゅく》で、別《べつ》の小学校《しょうがっこう》の男《おとこ》の子《こ》のことを好《す》きになった。

ふたりとも塾《じゅく》の上位《じょうい》クラスにいて、女《おんな》の子《こ》は進学校《しんがくこう》としても有名《ゆうめい》な名門《めいもん》女子校《じょしこう》を、男《おとこ》の子《こ》は名門男子校《めいもんだんしこう》を志《し》望校《ぼうこう》にあげていた。

ふたりはまだ5年生《ねんせい》だったが、

「今《いま》のうちに告白《こくはく》しないと、もう少《すこ》ししたら本格的《ほんかくてき》に受験勉強《じゅけんべんきょう》に入《はい》るし、会《あ》えなくなるかもしれない」

と思《おも》った女《おんな》の子《こ》は、

「授業《じゅぎょう》が終《お》わったら、4階《かい》の階段《かいだん》の上《うえ》で待《ま》ってます」

という手紙《てがみ》を、男《おとこ》の子《こ》の机《つくえ》の中《なか》に忍《しの》ばせた。

授業《じゅぎょう》が終《お》わり、女《おんな》の子《こ》は階段《かいだん》の電《でん》気《き》をつけた。それでも夜《よる》の4階《かい》の階《かい》段《だん》の一番上《いちばんうえ》はうす暗《ぐら》い。

「本当《ほんとう》に来《き》てくれるかな」

自分《じぶん》の心臓《しんぞう》の音《おと》が聞《き》こえてくるかのような不安感《ふあんかん》をおさえながら女《おんな》の子《こ》が待《ま》っていると、

「コツン、コツン、コツン」

と足音《あしおと》を立《た》てて、男《おとこ》の子《こ》がやってきた。

女《おんな》の子《こ》が告白《こくはく》をしようと息《いき》を吸《す》い込《こ》んだ時《とき》、男《おとこ》の子《こ》は、

「何《なん》の用《よう》？　やめてくれる？　迷惑《めいわく》なんだけど」

とそっけなく言《い》い、走《はし》って階段《かいだん》を下《お》りていった。

「待《ま》って!!　話《はなし》を聞《き》いて！」

女《おんな》の子《こ》が男《おとこ》の子《こ》を追《お》いかけようと階段《かいだん》を下《お》りようとした時《とき》、急《いそ》ぐあまり足《あし》がもつれ、そのまま下《した》へ転《ころ》がり落《お》ちてしまった。

階段《かいだん》の数《かず》はそれほど多《おお》くはなかったが、女《おんな》の子《こ》は運悪《うんわる》く頭《あたま》と首《くび》を強《つよ》く床《ゆか》に打《う》ちつけてしまい、そのまま死《し》んでしまったのだそうだ。

イツキくんからの告白《こくはく》

「それからというもの、授業《じゅぎょう》が終《お》わった後《あと》、4階《かい》の階段《かいだん》をのぼって、下《お》りようとすると、『待《ま》って待《ま》って』っていう声《こえ》がするんだって。そして、階《かい》段《だん》を何段《なんだん》下《お》りても下《した》へ行《い》きつくことができないことがあるらしいよ。だから、『立《た》ち入《い》り禁止《きんし》』のロープが張《は》られてるんだよ」

もえちゃんは愛《あい》さんに告《つ》げると、目《め》をくりくりとさせて自分《じぶん》の席《せき》に戻《もど》った。

（なんで？　なんで、もえちゃんは私《わたし》にそんなことを言《い》うの？　何《なに》か知《し》ってるの？）

愛《あい》ちゃんは、自分《じぶん》のななめ前《まえ》のイツキくんの席《せき》をじっと見《み》つめた。

授業《じゅぎょう》が始《はじ》まった。今日《きょう》もイツキくんは来《こ》なかった。

愛《あい》さんがイツキくんから告白《こくはく》をされたのは、5日《か》前《まえ》の金曜日《きんようび》だ。授業《じゅぎょう》が始《はじ》まる前《まえ》、愛《あい》さんが自分《じぶん》の席《せき》についていると、

「授業《じゅぎょう》が終《お》わったら、4階《かい》の階段《かいだん》の

上《うえ》に来《き》てほしい」

と、イッキくんにそっと告《つ》げられた。

そして授業後《じゅぎょうご》。愛《あい》さんは気絶《きぜつ》しそうな緊張感《きんちょうかん》に胸《むね》をしめつけられながら、4階《かい》の階段《かいだん》に向《む》かった。

（なんて言《い》って断《ことわ》ろう……）

愛《あい》さんは、自分《じぶん》の小学校《しょうがっこう》に好《す》きな人《ひと》がいた。勉強《べんきょう》はあまりできないけど、サッカー部《ぶ》のキャプテンで、誰《だれ》にでもやさしい明《あか》るい人《ひと》だ。

4階《かい》の階段《かいだん》のところに、イッキくんはいた。愛《あい》さんの顔《かお》を見《み》るなり、うれしそうにパッと笑《わら》ったイッキくんに向《む》かって愛《あい》さんは、

「あの、付《つ》き合《あ》うとかそういうのならゴメン。私《わたし》、好《す》きな人《ひと》いるの」

と告《つ》げ、走《はし》って逃《に》げた。

愛《あい》さんはそれっきり、イッキくんの姿《すがた》を見《み》ていない。

4階《かい》の階段《かいだん》をさまよう者《もの》

「イッキ、行方不明《ゆくえふめい》っていうウワサがあるらしいぜ」

イッキくんと同《おな》じ小学校《しょうがっこう》に通《かよ》っているタケルくんの声《こえ》がした。もえちゃんが意味《いみ》ありげに愛《あい》さんのほうを見《み》た。

（私《わたし》のせいっていうこと？）

（そんな。4階《かい》の階段《かいだん》にそんなウワサがあるって、私《わたし》、知《し》らなかったんだもん！）

愛《あい》さんは思《おも》ったが、4階《かい》の階段《かいだん》へ確《たし》かめに行《い》く気《き》にはならなかった。

もし行《い》ってしまったら、自分《じぶん》もまた、階段《かいだん》の無限《むげん》ループの中《なか》に紛《まぎ》れ込《こ》んでしまうかもしれないと怖《こわ》くなったからだ。

てるてる坊主《ぼうず》禁止令《きんしれい》

「やっと、入学《にゅうがく》テストが終《お》わったなあ」

孝典《たかのり》くんは、ベッドに寝《ね》そべっていた。

もともと孝典《たかのり》くんは、中学受験《ちゅうがくじゅけん》をするつもりはなかった。しかし、塾《じゅく》の成績《せいせき》が良《よ》く、家《いえ》の家計《かけい》に多少《たしょう》の余裕《ゆう》があったため、〝流《なが》れ〟で私立中《しりつちゅう》学入試《がくにゅうし》に向《む》けて、勉強《べんきょう》をすることになった。

なんとなく始《はじ》まったお受験《じゅけん》だったが、せっかく受験《じゅけん》をするならと、頑張《がんば》るうちに、ハードルがどんどんあがっていった。

「本当《ほんとう》に勉強《べんきょう》したよなあ」

机《つくえ》の周《まわ》りには、これまで使《つか》った参《さん》考書《こうしょ》とノートが重《かさ》なり、山《やま》になっている。二〇〇冊《さつ》以上《いじょう》はあるのではないだろうか。本当《ほんとう》に、勉強《べんきょう》をした。

夕方《ゆうがた》5時《じ》から夜《よる》9時《じ》まで、休《やす》みの日《ひ》も関係《かんけい》なく、毎日《まいにち》のように塾《じゅく》にいた。夏休《なつやす》みの勉強合宿《べんきょうがっしゅく》では、実《じつ》に16時間勉強《じかんべんきょう》した。

冬休《ふゆやす》みに入《はい》ってからは、試験《しけん》の日《ひ》まで学校《がっこう》を休《やす》み、家《いえ》から一歩《いっぽ》も外《そと》に出《で》ず、寝《ね》たり食《た》べたりする時間《じかん》も惜《お》しんで勉強《べんきょう》した。

入試当日《にゅうしとうじつ》、久《ひさ》しぶりにはいた靴《くつ》が小《ちい》さくて入《はい》らず、家族全員《かぞくぜんいん》で大慌《おおあわ》てしたくらいだ。

でも、孝典《たかのり》くんの塾《じゅく》のクラスメイトはみんなそうだった。みんな仲間《なかま》で、ライバルだった。

孝典《たかのり》くんは頑張《がんば》ったかいはあったと、十分《じゅうぶん》に手応《てごた》えを感《かん》じていた。

揺《ゆ》れるてるてる坊主《ぼうず》

ふと、窓《まど》のところにぶら下《さ》げてあったてるてる坊主《ぼうず》を見《み》た。当日《とうじつ》、「雪《ゆき》が降《ふ》りませんように」と、お母《かあ》さんが作《つく》ってくれたものだ。

それが、少《すこ》し動《うご》いた気《き》がした。

「窓《まど》でも開《あ》いてるのかな」

気《き》にはなったが、孝典《たかのり》くんは布団《ふとん》から出《で》られずにいた。寒《さむ》かったからだ。

「めんどくさいなあ。窓《まど》、開《あ》いてないよなあ」

てるてる坊主《ぼうず》を見《み》ていると、ムクムクと大《おお》きくなった気《き》がした。

「え？」

その時《とき》、てるてる坊主《ぼうず》がぐるりと振《ふ》り向《む》いた。孝典《たかのり》くんは息《いき》をのんだ。塾《じゅく》で同《おな》じクラスの、りょうじくんに似《に》ていたからだ。

てるてる坊主《ぼうず》のりょうじくんは、哀《かな》しそうに孝典《たかのり》くんを見《み》つめ、ベロッと舌《した》を出《だ》した。

そのまま気絶《きぜつ》してしまったのだろうか。孝典《たかのり》くんが目《め》を覚《さ》ますと、朝《あさ》だった。

合格者《ごうかくしゃ》だけに見《み》えるもの

朝起《あさお》きると、てるてる坊主《ぼうず》は元《もと》の姿《すがた》になっていた。

それから数日後《すうじつご》、塾《じゅく》の担任《たんにん》の先生《せんせい》から電話《でんわ》があり、りょうじくんが亡《な》くなった話《はなし》を聞《き》かされた。

亡《な》くなった理由《りゆう》は、先生《せんせい》は教《おし》えてくれなかったが、誰《だれ》かから、

「りょうじくん、自分《じぶん》の部屋《へや》で首《くび》を吊《つ》って死《し》んだらしいよ。すべり止《ど》めに落《お》ちた上《うえ》に、本命《ほんめい》の学校《がっこう》の試験《しけん》の問題《もんだい》もさっぱり分《わ》からなかったんだって」

という話《はなし》を聞《き》かされた。

そして何人《なんにん》かの塾生《じゅくせい》から、

「実《じつ》はオレも、てるてる坊主《ぼうず》を部屋《へや》にぶら下《さ》げていたら、りょうじの顔《かお》になったのを見《み》たんだよ」

と、こそっと告白《こくはく》された。何故《なぜ》かそれは、志望校《しぼうこう》に合格《ごうかく》できた塾生《じゅくせい》ばかりだった。

孝典《たかのり》くんは、第一志望《だいいちしぼう》の学校《がっこう》に入学《にゅうがく》し、今《いま》は中学生《ちゅうがくせい》になっている。しかし、今《いま》でもてるてる坊主《ぼうず》を作《つく》ることも、見《み》ることもできない。

あの夜《よる》の〝りょうじくんの顔《かお》〟を思《おも》い出《だ》すからだ。

そして、孝典《たかのり》くんとりょうじくんが通《かよ》っていた学習塾《がくしゅうじゅく》でもその後《ご》、受験生《じゅけんせい》に、「てるてる坊主《ぼうず》を作《つく》ってはいけない」と注意《ちゅうい》が出《だ》されているのだという。

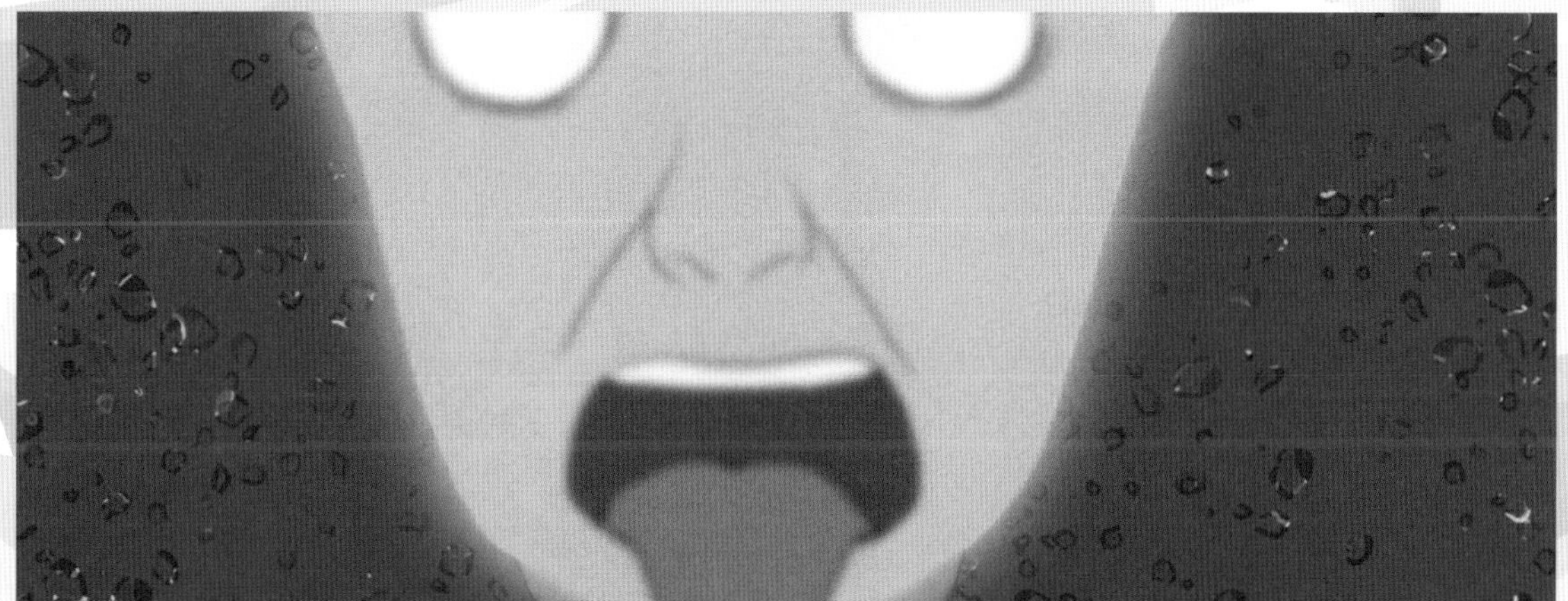

本当《ほんとう》は怖《こわ》い階段《かいだん》

上下《じょうげ》の場所《ばしょ》をつなぐ階段《かいだん》も、怖《こわ》いウワサがたくさん発信《はっしん》される場所《ばしょ》です。
たとえばあなたが毎日《まいにち》使《つか》っている階段《かいだん》。
今日《きょう》は段数《だんすう》が変《か》わっていませんか？

恐怖《きょうふ》の13階段《かいだん》

「学校《がっこう》の七不思議《ななふしぎ》」という言葉《ことば》を聞《き》いたことはないだろうか。

「うちの学校《がっこう》にはないよ」

と言《い》う人《ひと》もいるかもしれないが、探《さが》せばひとつくらいは、怖《こわ》い話《はなし》、不《ふ》思議《しぎ》な話《はなし》が見《み》つかるはずだ。千佳《ちか》さんの小学校《しょうがっこう》にも、「七不思議《ななふしぎ》」が存《そん》在《ざい》した。中《なか》でも、〝怖《こわ》くない〟のが、「13階段《かいだん》」の話《はなし》だ。

なんてことはない。一番大《いちばんおお》きなメイン校舎《こうしゃ》の2階《かい》から屋上《おくじょう》へと続《つづ》く階《かい》段《だん》が、普段《ふだん》は一番下《いちばんした》から一番上《いちばんうえ》まで12段《だん》しかないのに、4時《じ》44分《ふん》に数《かぞ》えてみると、13段《だん》になっている、というだけのものだ。

ウワサを聞《き》きつけて、千佳《ちか》さんも友《とも》だちと数《かぞ》えてみたことがある。しかし、昼休《ひるやす》みということもあってか、12段《だん》は12段《だん》だった。

「13段《だん》になるなんてありえない」

「全然怖《ぜんぜんこわ》くないよね」

ということで、その時《とき》は〝たんなるウワサ〟として落《お》ち着《つ》いた。

階段《かいだん》が、13段《だん》ある！

そんなある日《ひ》の放課後《ほうかご》、千佳《ちか》さんの仲良《なかよ》しのかおりちゃんが、

「あれ？　今《いま》4時《じ》40分《ぷん》だ。〝13階段《かいだん》〟ができるんじゃない？」

と言《い》い出《だ》した。千佳《ちか》さんの小学校《しょうがっこう》では、5時《じ》の下校《げこう》の時間《じかん》を過《す》ぎても学校《がっこう》にいると、先生《せんせい》に怒《おこ》られてしまう。そのため、放課後《ほうかご》に教室《きょうしつ》に子《こ》どもだけで残《のこ》る、ということはほとん

どない。

　しかしこの日《ひ》は、千佳《ちか》さんを含《ふく》め、おしゃべりに夢中《むちゅう》になっていた4人《にん》の女《おんな》の子《こ》が教室《きょうしつ》に残《のこ》っていた。

「ちょっと、やってみる？」

　4人《にん》はこっそり屋上《おくじょう》へ続《つづ》く階段《かいだん》へと向《む》かった。そして言《い》い出《だ》しっぺのかおりちゃんが、自分《じぶん》の腕時計《うでどけい》を見《み》た。ちょうど、4時《じ》44分《ふん》だ。

「せーの」

と、4人《にん》は横《よこ》1列《れつ》に並《なら》び、階段《かいだん》へ足《あし》を踏《ふ》み出《だ》した。

「いーち、にー、さーん、しー」

　実《じつ》はこの時《とき》、千佳《ちか》さんは胸《むね》がしめつけられるような、空気《くうき》が重《おも》くなるような不思議《ふしぎ》な感覚《かんかく》におそわれていたという。

「ごー、ろーく、しーち、はーち、きゅーう、じゅう。じゅーいち、じゅーに」

　4人《にん》が一斉《いっせい》に顔《かお》を見合《みあ》わせた。

「じゅうさん？」

「キャー!!」

　一目散《いちもくさん》に階段《かいだん》を駆《か》け下《お》りた。

13あった！階段《かいだん》が13段《だん》あった！

　それぞれが教室《きょうしつ》の机《つくえ》の上《うえ》のランドセルをつかむと、一斉《いっせい》に校舎《こうしゃ》の玄関《げんかん》に向《む》かった。途中《とちゅう》で、ひとつ下《した》の学《がく》年《ねん》の担任《たんにん》のヤマダ先生《せんせい》に会《あ》った。

「ヤマダ先生《せんせい》、13あった！ 階段《かいだん》が13段《だん》あった！」

　千佳《ちか》さんたちが口々《くちぐち》に言《い》うと、ヤマダ先生《せんせい》は首《くび》をかしげ、

「あうせりあか？」

と不思議《ふしぎ》そうに4人《にん》を見《み》た。

「え？ 先生《せんせい》、何《なに》？」

「あうせりあか？　あめそ？」

千佳《ちか》さんの背筋《せすじ》をゾーッと何《なに》かが走《はし》った。４人《にん》は抱《だ》き合《あ》うようにして、その場《ば》から逃《に》げ出《だ》した。用務員《ようむいん》のサカモト先生《せんせい》が４人《にん》を不思議《ふしぎ》そうに見《み》ている。

「サカモト先生《せんせい》、ヤマダ先生《せんせい》がおかしい。階段《かいだん》が13段《だん》あって……」

「トホトボアレッ。アリラ？　アルオキサラ……」

４人《にん》の誰《だれ》かが、キャーと叫《さけ》んだ。

「見《み》て。廊下《ろうか》の掲示板《けいじばん》の字《じ》！」

千佳《ちか》さんも気《き》になって辺《あた》りを見回《みまわ》すと、校舎《こうしゃ》の中《なか》は昼間《ひるま》に見《み》たまんまなのに、掲示板《けいじばん》に貼《は》られているポスターや標語《ひょうご》の文字《もじ》だけが、ひらがなも数字《すうじ》も、漢字《かんじ》も、記号《きごう》のような見《み》たことのない形《かたち》になっていた。

「逃《に》げよーっ！」

４人《にん》は上《うえ》ばきのまま校庭《こうてい》へ逃《に》げ出《だ》した。グラウンドを走《はし》りながら、かおりちゃんが言《い》った。

「どうする？」

「このまま家《いえ》に帰《かえ》る？」

「家《いえ》でも誰《だれ》とも話《はなし》が通《つう》じなかったらどうする？」

校門《こうもん》まで来《き》て、誰《だれ》かがシクシク泣《な》きだした。ゆりちゃんだ。

千佳《ちか》さんも家《いえ》へ帰《かえ》る気《き》になれなかった。家族《かぞく》までおかしな言葉《ことば》で話《はな》しだしたら、どうしたらいいか分《わ》からないからだ。
「階段《かいだん》が13あってからおかしくなったんだから、もう一回《いっかい》、12になるまで数《かぞ》えてみたらどうかな」
しっかり者《もの》のあおいちゃんが口《くち》を

開《ひら》いた。

「私《わたし》、校舎《こうしゃ》に戻《もど》る！」

千佳《ちか》さんはもう一度《いちど》、階段《かいだん》まで帰《かえ》るのは気がすすまなかったが、確《たし》かにそれしか方法《ほうほう》はなさそうだった。

4人《にん》はランドセルを校門《こうもん》のところに置《お》くと、互《たが》いにしっかりと手《て》を握《にぎ》り、屋上《おくじょう》へ続《つづ》く階段《かいだん》へと向《む》かった。

元《もと》の世界《せかい》に帰《かえ》れた!?

「いーち、にー、さーん……」

不思議《ふしぎ》なことに、この時《とき》は階段《かいだん》は12段《だん》しかなかった。上《うえ》からも下《した》からも何度《なんど》も数《かぞ》えた。12しかない。

「今回《こんかい》は、13段《だん》ないよ？」

「12段《だん》っていうことは、大丈夫《だいじょうぶ》かな？」

「これで本当《ほんとう》に元《もと》の世界《せかい》に戻《もど》れたのかな？」

試《ため》しに自分《じぶん》たちの教室《きょうしつ》をのぞくと、見《み》なれた時間割《じかんわり》や掲示物《けいじぶつ》が並《なら》んでいた。文字《もじ》も……しっかり見《み》なれたものだった。

「あ！　時間《じかん》！」

あおいちゃんに言《い》われ、かおりちゃんの腕時計《うでどけい》をのぞくと、なんと時刻《じこく》はまだ4時《じ》45分《ふん》だった。

置《お》きっぱなしのランドセルが気《き》になり、校庭《こうてい》へ走《はし》ると、ランドセルが校門《こうもん》の辺《あた》りに4人《にん》が置《お》いたままの形《かたち》で並《なら》んでいた。そこへ用務員《ようむいん》のサカモト先生《せんせい》が通《とお》りかかった。

「暗《くら》くならないうちに、さっさと帰《かえ》るんだぞー」

4人《にん》は、

「ちゃんとした先生《せんせい》だー！」

と、抱《だ》き合《あ》って喜《よろこ》んだ。ゆりちゃんはやっぱり泣《な》いていた。

このウワサはまたたく間《ま》に学校中《がっこうじゅう》に広《ひろ》がり、面白《おもしろ》がって「13階段《かいだん》」を試《ため》そうとする人《ひと》が急増《きゅうぞう》した。しかし、あの不思議《ふしぎ》な世界《せかい》を経験《けいけん》した人《ひと》は、まだ、千佳《ちか》さんたち以外《いがい》には現《あらわ》れてはいないようだ。

消《き》えた、13階《かい》

玲二《れいじ》くんはマンションの15階《かい》に住《す》んでいる。20階《かい》建《だ》てのマンションで、普段《ふだん》は2台《だい》のエレベーターが動《うご》いているが、その日《ひ》はめずらしく2台《だい》とも「点検中《てんけんちゅう》」だった。

玲二《れいじ》くんは

「普段《ふだん》と違《ちが》うことがあれば、お母《かあ》さんに連絡《れんらく》するのよ」

と、母親《ははおや》から口《くち》うるさく言《い》われていた。マンションの入《い》り口《ぐち》のイン

ターフォンのところまで戻《もど》って、

「エレベーターが修理中《しゅうりちゅう》だって」

と、とりあえず母親《ははおや》に伝《つた》えておいたほうがいいかなと、一瞬《いっしゅん》考《かんが》えたが、めんどくさいなと思《おも》い直《なお》した。

「階段《かいだん》で15階《かい》まであがればいいや」

玲二《れいじ》くんは、エレベーターのすぐ横《よこ》にある非常階段《ひじょうかいだん》へ向《む》かった。

階段《かいだん》をしばらくのぼると、「2階《かい》」と書《か》かれたプレートが見《み》えた。さらにのぼると「3階《かい》」、さらにのぼると「4階《かい》」、「5階《かい》」と、順調《じゅんちょう》にプレートが現《あらわ》れた。

が、「10階《かい》」が見《み》える頃《ころ》にはいささか後悔《こうかい》をしはじめていた。

「ここで何《なに》かあったとして、誰《だれ》にも気付《きづ》かれなかったらどうしよう」

時刻《じこく》は午後《ごご》5時過《す》ぎ頃《ごろ》。誰《だれ》か他《ほか》にも階段《かいだん》を利用《りよう》している人《ひと》がいるかと思《おも》いきや、玲二《れいじ》くん以外《いがい》、誰《だれ》もいなそうだったからだ。

玲二《れいじ》くんは頭《あたま》を振《ふ》り、

「怖《こわ》いことを考《かんが》えるのはやめよう」

と、先《さき》を急《いそ》いだ。

13階《かい》が、ない！

「12階《かい》……、14階《かい》、あと少《すこ》しだ」

玲二《れいじ》くんは足《あし》を止《と》めた。

「13階《かい》ってあったっけ？」

いつも乗《の》っているマンションのエレベーターのボタンを思《おも》い返《かえ》した。確《たし》か13階《かい》はあったはずだ。なのに階《かい》段《だん》に13階《かい》がないのはなぜだろう？

迷《まよ》ったが、玲二《れいじ》くんは

「1階見落《かいみお》としたのかもしれない！」

と、階段《かいだん》を駆《か》け下《お》りた。14階《かい》の下《した》の階《かい》であろうフロアのプレートに目《め》をやった。

「12階《かい》。……なんでだ？」

次《つぎ》はゆっくりと階段《かいだん》をあがった。

すると、他《ほか》の階《かい》とは違《ちが》って、階段《かいだん》の途中《とちゅう》の壁《かべ》に、13階《かい》のフロアへ出《で》られそうな扉《とびら》らしきものがあった。

「これが13階《かい》の扉《とびら》かもしれない」

玲二《れいじ》くんは恐《おそ》るおそる扉《とびら》を開《あ》けた。

すると……。何《なに》もなかった。

そう、何《なに》もなかったのだ。アニメで見《み》る、四次元《よじげん》の世界《せかい》のように、扉《とびら》の先《さき》は真《ま》っ白《しろ》な平面《へいめん》が広《ひろ》がっていた。

玲二《れいじ》くんは一瞬《いっしゅん》、その世界《せかい》に足《あし》を踏《ふ》み入《い》れようかと迷《まよ》ったが、

「遅《おそ》くなっちゃったし、お母《かあ》さんに報告《ほうこく》してからにしよう」

と思《おも》い直《なお》し、ダッシュで15階《かい》まで駆《か》け上《あ》がった。

「お母《かあ》さん！」

玲二《れいじ》くんは、今《いま》見《み》たことを全《すべ》て母《はは》親《おや》に話《はな》した。

「13階《かい》？　13階《かい》には普通《ふつう》に人《ひと》が住《す》んでいるわよ。13階《かい》の人《ひと》とたまにエレ

ベーターで会《あ》うじゃない」

玲二《れいじ》くんの母親《ははおや》は椅子《いす》から立《た》ち上《あ》がりながら言《い》うと、

「それより、こういう時《とき》はまず、インターホンで『階段《かいだん》で帰《かえ》るからね』と連絡《れんらく》して」

と、くどくどと説教《せっきょう》を始《はじ》めた。

叱《しか》られたにもかかわらず、玲二《れいじ》くんはたまにマンションの階段《かいだん》を使《つか》って、家《いえ》まで帰《かえ》る。しかし、12階《かい》の次《つぎ》は13階《かい》、その次《つぎ》は14階《かい》のプレートがかかっている。

その日以降《いこう》、あの時《とき》見《み》た、不思議《ふしぎ》な扉《とびら》は一度《いちど》も現《あらわ》れていない。

終《お》わらない非常階段《ひじょうかいだん》

その日《ひ》、透《とおる》くんはひとりで歯医者《はいしゃ》に向《む》かっていた。

弟《おとうと》が風邪《かぜ》で高熱《こうねつ》を出《だ》してしまい、看病《かんびょう》のために、母親《ははおや》が歯医者《はいしゃ》に付《つ》き添《そ》えなくなってしまったのだ。

「何回《なんかい》も行《い》ってるから、ひとりで行《い》けるわよね?」

という言葉《ことば》に、いささか不安《ふあん》になったが、弟《おとうと》が風邪《かぜ》なら仕方《しかた》がない。しぶしぶ歯医者《はいしゃ》へ向《む》かった。

透《とおる》くんの通《かよ》っている歯科医院《しかいいん》は、古《ふる》い雑居《ざっきょ》ビルの中《なか》にあった。病院内《びょういんない》のスペースは壁《かべ》も明《あか》るく、新《あたら》しく清《せい》潔《けつ》な雰囲気《ふんいき》だったが、行《い》くまでの廊《ろう》下《か》やエレベーターは少《すこ》しうす暗《ぐら》く、透《とおる》くんは苦手《にがて》だった。

歯医者《はいしゃ》の入《はい》っているビルに到着《とうちゃく》し、エレベーターのボタンを押《お》した。しかし、エレベーターは5階《かい》に止《と》まったまま、なかなか動《うご》かない。

「なんだよー。遅《おそ》いなー」

何度《なんど》もボタンを連打《れんだ》するが、エレベーターが動《うご》く気配《けはい》はない。予約《よやく》の時間《じかん》が近《ちか》づいている。

「歯医者《はいしゃ》は3階《かい》だし階段《かいだん》で行《い》くか」

透《とおる》くんは「階段《かいだん》」と書《か》かれた扉《とびら》を見《み》つけると、重《おも》い扉《とびら》を開《あ》けた。かなりうす暗《ぐら》い。ふと見《み》ると、階段《かいだん》は地下《ちか》にも続《つづ》いている。

「このビル、地下室《ちかしつ》もあったんだ」

見上《みあ》げると、階段《かいだん》はどこまでも上《うえ》へ続《つづ》いているように見《み》えた。

不思議《ふしぎ》な足音《あしおと》

「こんなに高《たか》いビルだったっけ?」

透《とおる》くんが階段《かいだん》をのぼりはじめると、カーン、カーンと足音《あしおと》が鳴《な》り響《ひび》いた。

「ん? 誰《だれ》かいる?」

明《あき》らかに、透《とおる》くんのスニーカーから出《で》たものとは違《ちが》う音《おと》だった。しかし、透《とおる》くんが歩《ある》きだすと足音《あしおと》が響《ひび》き、止《と》まると足音《あしおと》も止《と》まる。

「気持《きも》ち悪《わる》いな」

一段飛《いちだんと》びにのぼったり、複雑《ふくざつ》な動《うご》きをしてみても、同《おな》じような動《うご》きをしているような足音《あしおと》が響《ひび》く。ふと、透《とおる》くんは重大《じゅうだい》な事実《じじつ》に気付《きづ》いた。

「どれだけ階段《かいだん》をのぼっても、どこにも扉《とびら》がない」

透《とおる》くんは怖《こわ》くなって、来《き》た道《みち》を戻《もど》ろうと階段《かいだん》を下《お》りた。しかし、さっき入《はい》ってきたはずの1階《かい》の入《い》り口《ぐち》が見当《みあ》たらない。自分《じぶん》がのぼった倍《ばい》の階段《かいだん》を下《お》りた気《き》がしたが、ずうっと下《した》まで階段《かいだん》が続《つづ》いている。足音《あしおと》はついてくる。

「やっぱり上《うえ》だ、とにかく上《うえ》だ! 外《そと》に出《で》れば何《なん》とかなる!」

階段《かいだん》を勢《いきお》いよく駆《か》け上《あ》がる。足音《あしおと》も駆《か》け上《あ》がってくる。出口《でぐち》の扉《とびら》は、いつまでたっても現《あらわ》れない。

「ぼうや、ぼうや。どうした?」

気《き》がつくと、透《とおる》くんは「階段《かいだん》」と書《か》かれた扉《とびら》の前《まえ》で倒《たお》れていた。

「わ! ここはどこですか?」

親切《しんせつ》な男性《だんせい》に付《つ》き添《そ》われ、エレベーターで3階《かい》の歯科医院《しかいいん》に行《い》くと、予約《よやく》の時間《じかん》から30分《ぷん》、過《す》ぎていた。

「今日《きょう》はおやすみかと思《おも》ったー」

と、受付《うけつけ》のお姉《ねえ》さんがにこやかに迎《むか》え入《い》れてくれた。

あとで母親《ははおや》と一緒《いっしょ》に確認《かくにん》すると、このビルには地下室《ちかしつ》はなく、階段《かいだん》もどこにでもある、ごく普通《ふつう》のものだったという。

本《ほん》当《とう》は怖《こわ》い

お風《ふ》呂《ろ》

一日《いちにち》の汚《よご》れが洗《あら》い流《なが》され、疲《つか》れもいやされるはずなのに
「お風呂《ふろ》が怖《こわ》い」と感《かん》じるあなた。
ひょっとしたら、知《し》らされていない理由《りゆう》があるのかも……。

おばあちゃんちのお風呂《ふろ》

沙羅《さら》さんは、母方《ははかた》の田舎《いなか》のおばあちゃんの家《いえ》のお風呂《ふろ》が苦手《にがて》だ。

おばあちゃんの家《いえ》は、沙羅《さら》さんが生《う》まれるちょっと前《まえ》にリフォームをした。なので、お風呂場《ふろば》もまだできて10年《ねん》ほどしかたっていない。

にも関《かか》わらず、うす暗《ぐら》くて、ひんやりしていて、なんとなく陰気《いんき》だった。

「今回《こんかい》はおばあちゃんちに何日泊《なんにちと》まるの？」

お盆《ぼん》の前後《ぜんご》は、この母方《ははかた》のおじいちゃんとおばあちゃんの家《いえ》に、家族《かぞく》で1週間《しゅうかん》ほど遊《あそ》びに行《い》く。

おじいちゃんとおばあちゃんには会《あ》いたい。ふたりともやさしいし、畑《はたけ》の夏野菜《なつやさい》を食《た》べるのも楽《たの》しみだ。

すぐ近《ちか》くを流《なが》れる川《かわ》で遊《あそ》ぶのも、毎年用意《まいとしようい》してくれているすいかも花《はな》火《び》も楽《たの》しみだ。近所《きんじょ》の小学校《しょうがっこう》で開《ひら》かれる盆踊《ぼんおど》りも、今年《ことし》も参加《さんか》して踊《おど》る気《き》でいた。

「でも、あのお風呂《ふろ》が苦手《にがて》なんだよなー」

夕食《ゆうしょく》を食《た》べながら、沙羅《さら》さんがポツリとつぶやくと、

「怖《こわ》いことなんて何《なん》にもないわよ、もうやめて」

と、沙羅《さら》さんの母親《ははおや》がその言葉《ことば》をぴしゃりとさえぎった。

お風呂場《ふろば》で起《お》きたこと

おばあちゃんの家《いえ》に行《い》くたびに、沙羅《さら》さんは

（今度《こんど》こそ大丈夫《だいじょうぶ》かな）

と思《おも》う。でもやはり、今年《ことし》もお風《ふ》呂《ろ》の時間《じかん》になり、洗面所《せんめんじょ》に入《はい》った時《じ》点《てん》で、何《なん》となくゆううつな気分《きぶん》になった。お風呂《ふろ》に入《はい》っていると、その気持《きも》ちはさらに強《つよ》くなった。

（髪《かみ》を洗《あら》っている時《とき》、誰《だれ》かが後《うし》ろに立《た》っていたらどうしよう）

（お風呂《ふろ》の中《なか》からザバーって何《なに》かが出《で》てきたらどうしよう）

不思議《ふしぎ》なことに、これはおばあちゃんの家《いえ》でだけ抱《いだ》く感情《かんじょう》なのだ。沙羅《さら》さんはそれが不思議《ふしぎ》でたまらなかった。

その謎《なぞ》が翌日《よくじつ》に解《と》けた。沙羅《さら》さんのおばあちゃんの田舎《いなか》では、人《ひと》が亡《な》くなって32年《ねん》が経《た》つと「とむらいあげ」をする。その方法《ほうほう》が変《か》わっていて、盆踊《ぼんおど》りの際《さい》、亡《な》くなった人《ひと》の親《しん》族《ぞく》が背中《せなか》に故人《こじん》の名前《なまえ》を書《か》いた札《ふだ》をくくりつけて踊《おど》る。

この「とむらいあげ」の踊《おど》りを、今年《ことし》はおばあちゃんの家《いえ》でもするのだという。

札《ふだ》に名前《なまえ》が書《か》かれるのは、おばあちゃんの娘《むすめ》、つまりお母《かあ》さんの妹《いもうと》だ。

「お母《かあ》さん、妹《いもうと》がいたの？」

と、沙羅《さら》さんが聞《き》くと、お母《かあ》さんはしばらくうつむいて、

「お母《かあ》さんが15歳、妹《いもうと》が10歳《さい》の時《とき》にね、亡《な》くなったのよ」

と教《おし》えてくれた。

（私《わたし》と同《おな》い年《どし》だ）

と、沙羅《さら》さんは思《おも》った。その後《ご》、沙羅《さら》さんはとぎれとぎれに、いろん

な人《ひと》から、亡《な》くなったお母《かあ》さんの妹《いもうと》について教《おし》えてもらった。

妹《いもうと》さんは、みやこちゃんという名《な》前《まえ》だったこと、沙《さ》羅《ら》さんのお母《かあ》さんとすごく仲《なか》がよかったこと、一輪車《いちりんしゃ》が得《とく》意《い》だったこと、水泳《すいえい》が上手《じょうず》だったこと、どの教科《きょうか》の成績《せいせき》もよかったこと、そして、お風呂場《ふろば》で亡《な》くなったこと。

妹《いもうと》さんは、ひとりでお風呂《ふろ》に入《はい》っていた時《とき》、心臓《しんぞう》マヒを起《お》こしたのだそうだ。

（だから、お風呂場《ふろば》に行《い》くと、気持《きも》ち悪《わる》かったんだ）

と、沙羅《さら》さんは思《おも》った。そして、

（気持《きも》ち悪《わる》いなんて言《い》ってごめんなさい）

と、お母《かあ》さんとお母《かあ》さんの妹《いもうと》、みやこさんに対《たい》して思《おも》った。盆踊《ぼんおど》りの「とむらいあげ」では、沙羅《さら》さんも背中《せなか》に札《ふだ》をくりつけて踊《おど》った。

沙羅《さら》さんは、来年《らいねん》からはお風呂場《ふろば》に対《たい》して「気持《きも》ち悪《わる》い」なんて感《かん》じなくなるんだろうなと思《おも》っている。

それは、「とむらいあげ」が終《お》わったからだ。そして、沙羅《さら》さんが〝妹《いもうと》さん〟の年齢《ねんれい》を過《す》ぎるからだ。何故《なぜ》かそう思《おも》う。

その年《とし》、沙羅《さら》さんはおばあちゃんの家《いえ》を出《で》る時《とき》、お風呂場《ふろば》に手《て》を合《あ》わせた。

「ごめんね。バイバイ」

あんなにお風呂場《ふろば》が怖《こわ》かったのに、何故《なぜ》か、さみしかった。

腐《くさ》った水《みず》

「ねえ、お母《かあ》さん。最近《さいきん》、お風呂《ふろ》の水臭《みずくさ》くない？」

夏休《なつやす》み、夕方《ゆうがた》のお手伝《てつだ》いの風呂掃除《ふろそうじ》を終《お》え、ジャバジャバとお風呂《ふろ》にたまるお湯《ゆ》をながめながら、千枝《ちえ》さんが言《い》った。

「洗剤《せんざい》でいくら洗《あら》っても、水《みず》が臭《くさ》いから、このお風呂場《ふろば》、臭《くさ》いのとれないんだけど」

「確《たし》かにこのマンション、夏場《なつば》になると水《みず》がにおうのよねえ」

お風呂場《ふろば》をのぞきながら、千枝《ちえ》さんの母親《ははおや》が言《い》った。

千枝《ちえ》さんはお父《とう》さんの転勤《てんきん》で、2年《ねん》ほど前《まえ》に東京近郊《とうきょうきんこう》の大《おお》きなマンションに引《ひ》っ越《こ》してきた。引《ひ》っ越《こ》す前《まえ》は、北陸《ほくりく》の水《みず》のキレイな田舎《いなか》に住《す》んでいたこともあり、

「都会《とかい》って水《みず》が美味《おい》しくないんだって。みんな水《みず》は、ペットボトルとかで買《か》ってるんだよ」

「田舎《いなか》の人間《にんげん》が都会《とかい》の水《みず》を飲《の》むと、お腹《なか》を壊《こわ》すらしいよ」

という話《はなし》をイヤというほど聞《き》かされていた。根《ね》も葉《は》もないウワサなのだが、千枝《ちえ》さんの家《いえ》では、引《ひ》っ越《こ》してすぐに宅配《たくはい》のウォーターサーバーを設置《せっち》した。お母《かあ》さん曰《いわ》く、

「都会《とかい》の水《みず》は、飲《の》めない」

というわけだ。

にしても、水《みず》がぬるぬるするし、やっぱり臭《くさ》い。

「プールよりはましか」

学校《がっこう》の、少《すこ》しにごったような水《みず》に、塩素《えんそ》のキツいにおいがするプールを思《おも》い浮《う》かべた。

「田舎《いなか》の川《かわ》はキレイだったのになあ」

千枝《ちえ》さんは一昨年《おととし》の今頃《いまごろ》を思《おも》い浮《う》かべ、

「私《わたし》は今日《きょう》もシャワーにするね」

と、お母《かあ》さんに向《む》かって言《い》った。

あなたになりたい……

その夜《よる》のことだ。千枝《ちえ》さんは寝《ね》ていたが、〝あの臭《くさ》いにおい〟を感《かん》じて目《め》が覚《さ》めた。

クーラーの冷房《れいぼう》が切《き》れたせいか、体《からだ》も汗《あせ》ばんでいる。

「冷房《れいぼう》が切《き》れると、暑《あつ》さでパジャマやシーツから、あのにおいがただよってくるのかなあ」

と、千枝《ちえ》さんが寝《ね》ぼけまなこで

クーラーのリモコンに手《て》を伸《の》ばそうとした瞬間《しゅんかん》、金縛《かなしば》りにあった。

動《うご》けない恐怖《きょうふ》にパニックになっていると、どこからかくぐもった、女《おんな》の人《ひと》の声《こえ》がした。

「すべすべでいいなあ。若《わか》くてこれからでいいなあ。つかってほしいなあ。あなたになりたい」

そのまま千枝《ちえ》さんは眠《ねむ》ってしまっていたようだ。気《き》がつくと朝《あさ》になっていた。

「夢《ゆめ》だったのかな」

しかし、パジャマやシーツのにおいはそのままで、お風呂掃除《ふろそうじ》のお水《みず》もやっぱり臭《くさ》かった。

さらに次《つぎ》の夜《よる》も千枝《ちえ》さんは金縛《かなしば》りにあった。そして、あの臭《くさ》いにおいが充満《じゅうまん》したかと思《おも》うと、またあの声《こえ》を聞《き》いた。

「すべすべよねえ、いいわねえ。ねえ、つかってよ。私《わたし》につかってよ。私《わたし》、あなたになるわ！」

わっと、金縛《かなしば》りが解《と》けた。間違《まちが》いない、幽霊《ゆうれい》だ！　千枝《ちえ》さんはお母《かあ》さんの部屋《へや》に駆《か》け込《こ》み、

「お母《かあ》さん、幽霊《ゆうれい》が出《で》た！　怖《こわ》い。どうしよう」

と、お母《かあ》さんに言《い》った。臭《くさ》いにおいがしたら、幽霊《ゆうれい》が出《で》る！

においの正体《しょうたい》

あまりに千枝《ちえ》さんが臭《くさ》い、臭《くさ》いとうるさいので、翌日《よくじつ》、お母《かあ》さんがマンションの管理人《かんりにん》に、屋上《おくじょう》に備《そな》え付《つ》けてある給水《きゅうすい》タンクのチェックをお願《ねが》いした。

「先月《せんげつ》、点検《てんけん》したばかりなんですけどね」

と、管理人《かんりにん》はぶつくさとお母《かあ》さんに話《はな》していたが、なんと、タンクの中《なか》から、近所《きんじょ》で行方不明《ゆくえふめい》になっていた、女性《じょせい》の死体《したい》が浮《う》かんでいるのが発見《はっけん》された。

死後《しご》5日《か》ほど経過《けいか》していて、死体《したい》は溶《と》けはじめていた。現場《げんば》は大変《たいへん》な騒《さわ》ぎになった。

千枝《ちえ》さんもパニックになった。

ということは、あのお風呂場《ふろば》の水《みず》は……。

お風呂《ふろ》だけじゃない。タンクの水《みず》は洗濯《せんたく》にも使《つか》われていた。飲《の》み水《みず》として利用《りよう》していた人《ひと》も、当然《とうぜん》いた。

マンションは大騒《おおさわ》ぎになり、引《ひ》っ越《こ》す人《ひと》が次々《つぎつぎ》に出《で》た。千枝《ちえ》さん一家《いっか》も、一戸建《いっこだ》ての借家《しゃくや》に引《ひ》っ越《こ》した。

ところでマンションの中《なか》で、水《みず》のにおいの異変《いへん》に気付《きづ》いたのは、なん

と千枝《ちえ》さんだけだった。巨大《きょだい》なタンクだと、死後《しご》5日《か》程度《ていど》では、さほど気《き》にならないのかもしれない。では何故《なぜ》、千枝《ちえ》さんだけが気付《きづ》いたのか。

　千枝《ちえ》さんは、夜《よる》になると何度《なんど》もあの声《こえ》を思《おも》い出《だ》す。

「私《わたし》、あなたになりたい」

　というのは、ひょっとしたら死《し》んだ女性《じょせい》は、千枝《ちえ》さんになってもう一《いち》度人生《どじんせい》をやり直《なお》したかったのかもしれない。そして、

「つかってよ」

　というのは、女性《じょせい》の死体《したい》が溶《と》け込《こ》んだ水《みず》の、「お風呂《ふろ》につかって」という意味《いみ》だったのかもしれない。

　そして千枝《ちえ》さんは身震《みぶる》いをする。

「私《わたし》、あなたになるわ！」

って、あの人《ひと》言《い》ってた！

　千枝《ちえ》さんはあの日《ひ》から、湯船《ゆぶね》に入《はい》れずにいる。

本当《ほんとう》は怖《こわ》い 映画館《えいがかん》

真《ま》っ暗《くら》やみの中《なか》、知《し》らない人《ひと》たちと隣《とな》り合《あ》わせになる映画館《えいがかん》にも
怖《こわ》いウワサはたくさんあります。
たとえばあなたの隣《となり》に座《すわ》っていたあの人《ひと》。生《い》きた人《ひと》でしたか？

気付《きづ》いていたくせに……

奈々《なな》さんは、映画館《えいがかん》が苦手《にがて》だ。それは、小学《しょうがく》2年生《ねんせい》のとき、こんな体《たい》験《けん》をしたからだ。

奈々《なな》さんには3つ年上《としうえ》のお兄《にい》さんがいる。

その年《とし》の夏休《なつやす》み、お兄《にい》さんがこんなことを言《い》い出《だ》した。

「今《いま》、映画館《えいがかん》で上映《じょうえい》されている、ホラー映画《えいが》が見《み》たい！」

この年《とし》、あるホラー映画《えいが》が大《だい》ヒットしていた。お兄《にい》さんの友《とも》だちはすでに何人《なんにん》か見《み》に行《い》ったようで、

「すっごく怖《こわ》かったぜ」

「もう一回《いっかい》見《み》たい。お前《まえ》も、見《み》たほうがいいよ」

と、大絶賛《だいぜっさん》していたということだった。あまりにもお兄《にい》さんがお母《かあ》さんに、

「見《み》たい、見《み》たい」

とねだるので、奈々《なな》さんも

「奈々《なな》も見《み》たいーっ。みんなで行《い》こうよ！」

と、一緒《いっしょ》にお母《かあ》さんにおねだりした。この言葉《ことば》が、映画館《えいがかん》行《い》きの決定《けってい》打《だ》になった。

ちなみにこの時《とき》、何故《なぜ》自分《じぶん》がそんなことを言《い》ったのか、奈々《なな》さんは覚《おぼ》えていない。

女《おんな》の人《ひと》がいる

話題《わだい》の映画《えいが》だけあって、館内《かんない》は満《まん》員《いん》だった。

「前《まえ》もって、席《せき》を予約《よやく》しておいてよ

かったね」

と、奈々《なな》さんはお母《かあ》さんとお兄《にい》さんと、話《はな》しながら、飲《の》み物《もの》を片手《かたて》に自分《じぶん》たちの席《せき》に向《む》かった。

お母《かあ》さんが予約《よやく》してくれていた席《せき》は館内《かんない》でも後《うし》ろのほうの、真《ま》ん中《なか》あたりにあった。さらに奈々《なな》さんの席《せき》は、通路側《つうろがわ》にあった。

しかし見《み》ると、奈々《なな》さんの席《せき》に女《おんな》の人《ひと》がうつむいて座《すわ》っている。イヤだな、と奈々《なな》さんは思《おも》ったが、お母《かあ》さんもお兄《にい》さんもすでに自分《じぶん》たちの席《せき》に座《すわ》り、ガサゴソと、バッグの中《なか》を見《み》ている。

「すみません」

奈々《なな》さんは思《おも》い切《き》って女《おんな》の人《ひと》に声《こえ》をかけてみた。

「あの……」

奈々《なな》さんが言《い》いよどんでいると、女《おんな》の人《ひと》は少《すこ》しびっくりしたような顔《かお》をしたが、またすぐに元通《もとどお》りうつむいたまま座《すわ》り続《つづ》けている。

「どうしよう……」

奈々《なな》さんはお母《かあ》さんに、〝助《たす》けて〟と、目《め》で訴《うった》えてみたが、お母《かあ》さんは相変《あいか》わらずバッグの中《なか》をガサゴソ探《さぐ》っている。

お兄《にい》さんのほうを見《み》ると、飲《の》み物《もの》と一緒《いっしょ》に買《か》った映画《えいが》のパンフレットに見入《みい》っている。

奈々《なな》さんは不安《ふあん》になって、

（私《わたし》の席《せき》、この席《せき》で合《あ》ってるよね）

と、もう一度《いちど》、自分《じぶん》の座席《ざせき》チケットを見《み》た。やっぱり合《あ》っている。

（もう一度《いちど》、女《おんな》の人《ひと》に言《い》おう）

と、顔《かお》をあげると、女《おんな》の人《ひと》は消《き》え

ていた。

ほほにかかる息《いき》

「お母《かあ》さん、この席《せき》にいた女《おんな》の人《ひと》、どこに行《い》った?」

と、奈々《なな》さんは慌《あわ》てて聞《き》いたが、

「またまたー」

「幽霊《ゆうれい》がいたとか言《い》うんでしょ? やめてよ、始《はじ》まる前《まえ》から」

と、取《と》り合《あ》ってくれない。奈々《なな》さんも深《ふか》く考《かんが》えるのをやめた。

しかしだ。映画《えいが》が始《はじ》まると、奈々《なな》さんの肩越《かたご》しに誰《だれ》かがスクリーンをのぞき込《こ》んでくる気配《けはい》を感《かん》じた。

「すー、すー」

という、息《いき》づかいまで聞《き》こえる。お母《かあ》さんのほうを見《み》ると、映画《えいが》の世《せ》界《かい》に入《はい》り込《こ》んでいるようだ。

そーっと、奈々《なな》さんは自分《じぶん》の後《うし》ろを見《み》た。

誰《だれ》もいなかった。

そんなことが何回《なんかい》かくり返《かえ》された。奈々《なな》さんは確信《かくしん》した。

「この席《せき》には、幽霊《ゆうれい》がいる」

逃《に》げ出《だ》したかったが、あまりの怖《こわ》さに立《た》ち上《あ》がることができなかった。後《うし》ろを振《ふ》り向《む》くのも怖《こわ》かった。耳元《みみもと》ではひたすら、

「すー、すー」

という、息《いき》づかいが聞《き》こえる。映《えい》画《が》も怖《こわ》かったが、自分《じぶん》が置《お》かれている状況《じょうきょう》のほうが怖《こわ》かった。

ずっと、そばにいたもの

映画《えいが》が終《お》わり、エンドロールが流《なが》れはじめた。

館内《かんない》にいたお客《きゃく》さんが、何人《なんにん》か立《た》ち上《あ》がり、出口《でぐち》に向《む》かった。

「お母《かあ》さん、私《わたし》たちも出《で》よう」

奈々《なな》さんが言《い》うと、お母《かあ》さんが真顔《まがお》になってポツリと言《い》った。

「気付《きづ》いていたくせに」

「え？」

「気付《きづ》いていたくせに」

奈々《なな》さんがこれまで聞《き》いたことのないような、恐《おそ》ろしい声《こえ》だった。

奈々《なな》さんが固《かた》まっていると、お母《かあ》さんは普段《ふだん》の表情《ひょうじょう》に戻《もど》って、

「ああ、出《で》ましょう」

と、お兄《にい》さんのほうに体《からだ》を向《む》けた。

その時《とき》、奈々《なな》さんは思《おも》わず、

「ヒッ」

と、声《こえ》をあげた。お母《かあ》さんの肩《かた》には、あの女《おんな》の人《ひと》の顔《かお》だけがあった。

そして奈々《なな》さんを見《み》て、ニヤリと笑《わら》った。

深夜《しんや》のお客《きゃく》さま

恭平《きょうへい》くんの叔父《おじ》さんは、昔《むかし》、都心《としん》にある、とある古《ふる》い映画館《えいがかん》でアルバイトをしていた。

そこで、幽霊《ゆうれい》を見《み》たことがあるのだという。

叔父《おじ》さんがいた映画館《えいがかん》の仕事《しごと》の中《なか》で、もっとも楽《らく》チンなのが、深夜《しんや》の上映《じょうえい》の受付担当《うけつけたんとう》だった。

ラストの上映《じょうえい》の時間帯《じかんたい》は、お客《きゃく》さんが特《とく》に少《すく》ない。

そのため、叔父《おじ》さんの映画館《えいがかん》では、仕事《しごと》をきちんとすませてさえいたら、お客《きゃく》さんと一緒《いっしょ》に映画《えいが》を見《み》てもいいことになっていた。

叔父《おじ》さんは映画好《えいがず》きで、さらにまだ学生《がくせい》だったこともあり、好《この》んでこの深夜《しんや》の時間帯《じかんたい》にアルバイトをしていた。

体《からだ》が、透《す》けてる……

ある日《ひ》叔父《おじ》さんはいつものように、レジの処理《しょり》や簡単《かんたん》な掃除《そうじ》を終《お》わらせ、ラストの上映《じょうえい》をしているホールの中《なか》に入《はい》った。

その日《ひ》は、外国《がいこく》の古《ふる》いホラー映画《えいが》が上映《じょうえい》されていた。

映画《えいが》を見《み》ながら、叔父《おじ》さんは、あれ？と、首《くび》をかしげた。

この回《かい》は、3人分《にんぶん》しかお客《きゃく》さんのチケットを処理《しょり》していないはずだ。

しかし、座席《ざせき》には6人《にん》のお客《きゃく》さんが座《すわ》っている。

さらに奇妙《きみょう》なことに気《き》がついた。

お客《きゃく》さんのうち、3人《にん》がうっすらと透《す》けていた。

そう、透《す》けて、向《む》こうの座席《ざせき》やスクリーンが見《み》えていたのだ。

（幽霊《ゆうれい》だ）

と、叔父《おじ》さんはとっさに思《おも》った。

怖《こわ》い、というより、

（幽霊《ゆうれい》も、ホラー映画《えいが》見《み》るんだ）

と、興味深《きょうみぶか》く思《おも》ったのだそうだ。

しかもその幽霊《ゆうれい》たちは、怖《こわ》いシーンでビクッと驚《おどろ》いていた。

叔父《おじ》さんはその日《ひ》はひどく疲《つか》れていたそうだが、映画《えいが》そっちのけで、ずっと幽霊《ゆうれい》ばかり見続《みつづ》けていた。

映画《えいが》の上映《じょうえい》が終《お》わる前《まえ》に叔父《おじ》さんは席《せき》を立《た》ち、バイト仲間《なかま》がいるカウンターに戻《もど》った。

やはり、帰《かえ》っていったお客《きゃく》さんは3人《にん》しかいなかった。

気付《きづ》いてはいけない

楓《かえで》さんも映画館《えいがかん》で幽霊《ゆうれい》を見《み》たことがある。

それは、幼稚園《ようちえん》に通《かよ》う妹《いもうと》に付《つ》き合《あ》って、お母《かあ》さんと3人《にん》でアニメ映《えい》画《が》を見《み》に行《い》った時《とき》のことだった。

小《ちい》さい子《こ》どもを対象《たいしょう》にしたアニメ映画《えいが》を上映《じょうえい》するホールの中《なか》はちょっと独特《どくとく》だ。

小《ちい》さい子《こ》たちは知《し》っている歌《うた》が流《なが》れると一緒《いっしょ》に歌《うた》いはじめるし、おなじみのキャラクターが出《で》ると、あちこちで、そのキャラクターの名前《なまえ》を呼《よ》ぶ声《こえ》があがる。

うるさくはあるが、静《しず》かに見《み》ないと怒《おこ》られる大人向《おとなむ》けの映画《えいが》を見《み》るよりは、楓《かえで》さんは好《す》きだった。

その時《とき》も、小《ちい》さい子《こ》たちがキャーキャーと騒《さわ》ぎながら、映画《えいが》を楽《たの》しんでいた。

スクリーンの前《まえ》の子《こ》ども

映画《えいが》を見《み》ていて、楓《かえで》さんはあることに気付《きづ》いた。スクリーンの辺《あた》りに、子《こ》どもがいる。

そう、席《せき》を立《た》ってそこまで行《い》ったのか、子《こ》どもがふたり、スクリーンにしがみついていた。

小《ちい》さい子《こ》たちが出《だ》す音《おと》は、全《まった》く気《き》にならない楓《かえで》さんだったが、〝小《ちい》さいから〟といって、スクリーンのところまで行《い》く、という行動《こうどう》は、気《き》に入《い》らなかった。

イライラが頂点《ちょうてん》に達《たっ》した楓《かえで》さんは、

思《おも》わず、

「何《なん》なのあの子《こ》たち」

と、つぶやいた。

すると、ふたりの子《こ》どもが楓《かえで》さんのほうを見《み》たかと思《おも》うと、〝気付《きづ》いてくれた！〟と言《い》わんばかりの満面《まんめん》の笑《え》みを浮《う》かべながら、楓《かえで》さんのほうへ駆《か》けよってきた。

「キャー！」

楓《かえで》さんは思《おも》わず叫《さけ》んだ。

ふたりの子《こ》どもの目《め》は、白目《しろめ》がなく、真《ま》っ黒《くろ》だった。

「生《い》きた人間《にんげん》じゃなかったんだ！」

うずくまって震《ふる》えていると、子《こ》どもはいなくなっていた。

後《あと》で、一緒《いっしょ》に行《い》っていたお母《かあ》さんや妹《いもうと》に聞《き》いても、そんな子《こ》はいなかったという。楓《かえで》さんが見《み》たのは一体《いったい》、何《なん》だったのだろうか？

本当《ほんとう》は怖《こわ》い 特別教室《とくべつきょうしつ》

理科室《りかしつ》、音楽室《おんがくしつ》、家庭科室《かていかしつ》、図工室《ずこうしつ》、視聴覚室《しちょうかくしつ》……。
その教科《きょうか》の勉強《べんきょう》のための特別《とくべつ》な教材《きょうざい》が置《お》かれている教室《きょうしつ》には、
特別教室《とくべつきょうしつ》ならではの怪奇談《かいきだん》がひそんでいるようです。

理科室《りかしつ》の、動《うご》く人体模型《じんたいもけい》

真由美《まゆみ》さんが、真由美《まゆみ》さんのお母《かあ》さんの咲子《さきこ》さんから聞《き》いた話《はなし》だ。

咲子《さきこ》さんが小学生《しょうがくせい》の頃《ころ》、咲子《さきこ》さんの小学校《しょうがっこう》の理科準備室《りかじゅんびしつ》に「動《うご》くがい骨《こつ》」とウワサされる、人体模型《じんたいもけい》があった。

人体模型《じんたいもけい》が動《うご》くのは、決《き》まって放課後《ほうかご》だ。

「理科準備室《りかじゅんびしつ》からカチャカチャという音《おと》が聞《き》こえてきたので、ドアのところの窓《まど》からのぞいてみたら、人体《じんたい》模型《もけい》がカチャカチャと踊《おど》っていた」

とか、

「放課後《ほうかご》、理科準備室《りかじゅんびしつ》でもの音《おと》がするのでドアノブを回《まわ》したら開《あ》いた。すき間《ま》からのぞいてみたら、人体模《じんたいも》型《けい》がほふく前進《ぜんしん》でこっちに向《む》かってきた」

という体験《たいけん》をした人《ひと》がいるというウワサが、まことしやかに流《なが》れていた。

なので、放課後《ほうかご》はおろか、授業《じゅぎょう》の合間《あいま》の休《やす》み時間《じかん》でさえ、理科準備室《りかじゅんびしつ》に近《ちか》づこうとする児童《じどう》はいなかった。

がい骨《こつ》が、こっちを見《み》た！

そんなある日《ひ》の放課後《ほうかご》、咲子《さきこ》さんのクラスに、咲子《さきこ》さんのクラスメイトのちかさんと、かなさんが駆《か》け込《こ》んできた。

「理科準備室《りかじゅんびしつ》から音《おと》がした！」

ちかさんが理科室《りかしつ》にメガネケースを忘《わす》れたということで、ふたりで取《と》りに行《い》ったところ、理科準備室《りかじゅんびしつ》から

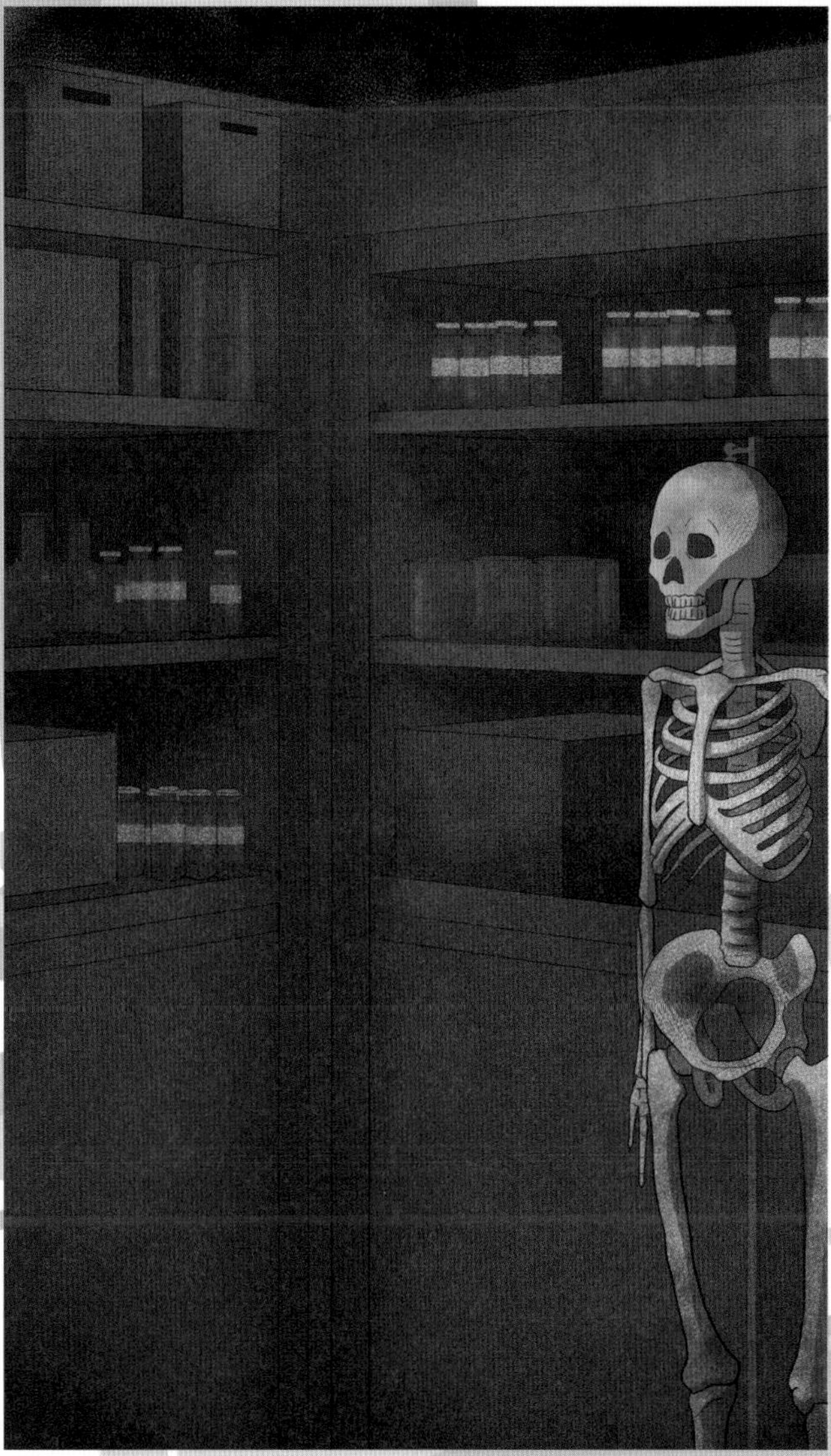

ギギギギと何《なに》か揺《ゆ》れるような音《おと》がしたのだという。

「え？　行《い》ってみようぜ」

と言《い》い出《だ》したのは、教室《きょうしつ》に残《のこ》っていた、しんじくんだった。

「行《い》こう、行《い》こう」

こうへいくんも言《い》い出《だ》した。

咲子《さきこ》さんはあまり気《き》が乗《の》らなかったが、〝男子《だんし》もついてきてくれるなら……〟と、誘《さそ》われるがままに結局《けっきょく》、総勢《そうぜい》7人《にん》のクラスメイトと、理科準備室《りかじゅんびしつ》に向《む》かった。

耳《みみ》をすませながらそろりそろりと廊下《ろうか》を歩《ある》き、理科準備室《りかじゅんびしつ》の前《まえ》まで来《き》た。こうへいくんがドアに耳《みみ》を当《あ》てた。

「しっ、本当《ほんとう》だ。音《おと》がする」

代《か》われ、代《か》われと順番《じゅんばん》にドアに耳《みみ》をつけた。咲子《さきこ》さんにも確《たし》かに音《おと》が聞《き》こえた。しかし、ウワサのカチャカチャという、にぎやかな音《おと》ではなく、ギギギギギと、モーターが回《まわ》るような音《おと》だ。

何人《なんにん》かでそうっと、理科準備室《りかじゅんびしつ》のドアのはめ込《こ》み窓《まど》から中《なか》をのぞきこんだ。すると、人体模型《じんたいもけい》の首《くび》が動《うご》いているではないか！

人体模型《じんたいもけい》の首《くび》は、ゆっくりゆっくりと右《みぎ》へ向《む》くと、吊《つ》るされていたポールに顔《かお》をぶつけ、ゆっくりゆっくりと左《ひだり》に向《む》いた。ただひたすら、首《くび》を左右《さゆう》に回《まわ》し続《つづ》けていた。

ちょうど咲子《さきこ》さんが窓《まど》から人体模型《じんたいもけい》を見《み》た時《とき》、目《め》が合《あ》ったような気《き》がした。そして、かすかに人体模型《じんたいもけい》が口《くち》を開《ひら》いたような気《き》がした。

人体模型《じんたいもけい》は、

「た・す・け・て……」

と、言《い》ったように見《み》えた。

本物《ほんもの》の人《ひと》の骨《ほね》が使《つか》われた？

後《のち》に咲子《さきこ》さんは、この人体模型《じんたいもけい》に
「本物《ほんもの》の人《ひと》の骨《ほね》が使《つか》われていた」
というウワサを聞《き》いた。事実《じじつ》、昔《むかし》の学校《がっこう》には
「本物《ほんもの》の人《ひと》の骨《ほね》を使《つか》った人体模型《じんたいもけい》があった」
という都市伝説《としでんせつ》がある。

昔《むかし》は自分《じぶん》が死《し》ぬ前《まえ》に、

「子《こ》どもたちの勉強《べんきょう》のために、自分《じぶん》の体《からだ》を役立《やくだ》ててほしい」

と、人体模型《じんたいもけい》になることを申《もう》し出《で》る人《ひと》がいたのだそうだ。また、殺《ころ》されて無理矢理《むりやり》人体模型《じんたいもけい》にされた人《ひと》がいるという、恐《おそ》ろしい話《はなし》もある。

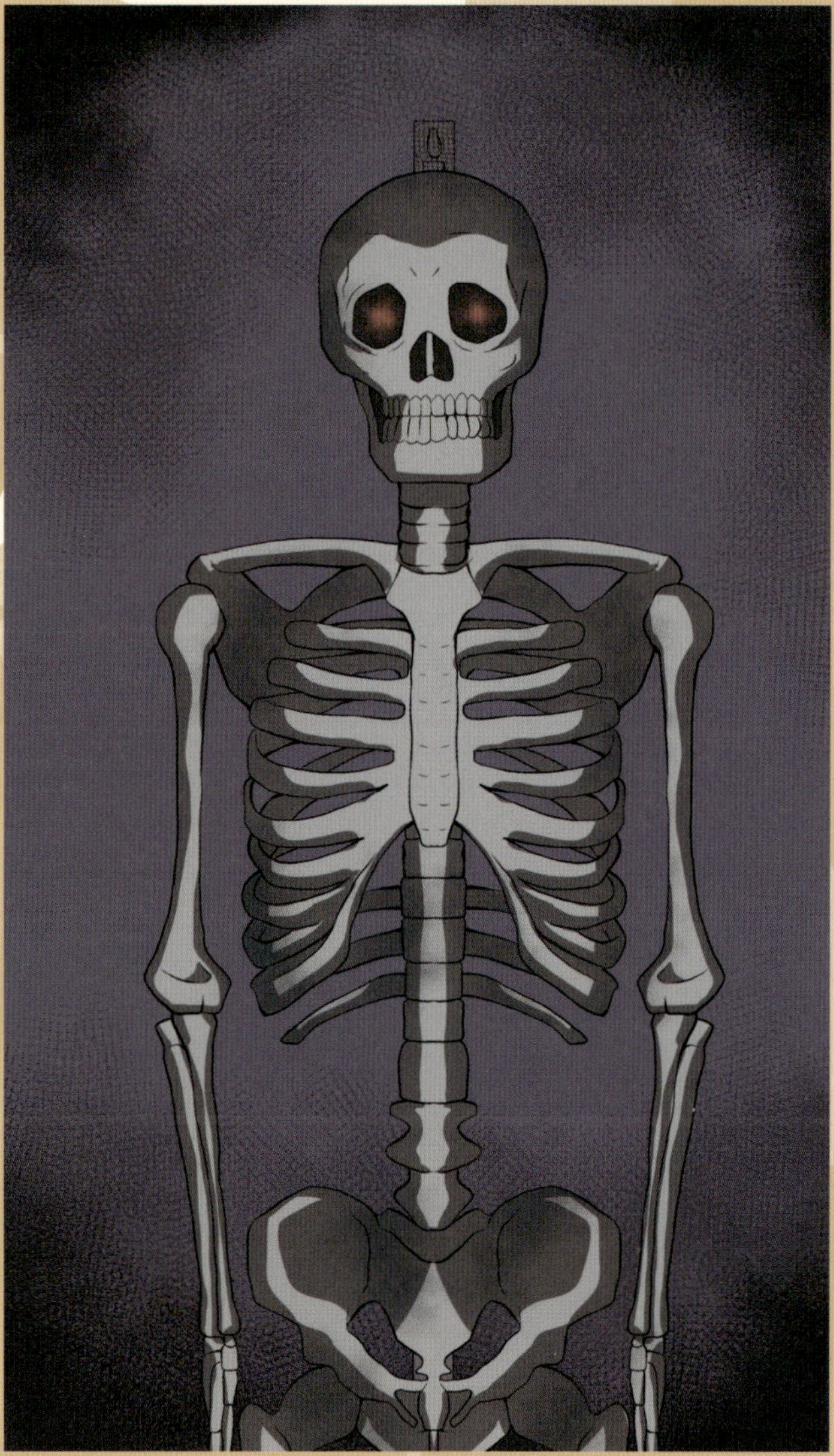

しかし、あくまでもウワサだ。

本物《ほんもの》の人間《にんげん》を人体模型《じんたいもけい》にするには、死体《したい》の処理方法《しょりほうほう》が複雑《ふくざつ》なうえ、道徳《どうとく》的《てき》にも認《みと》められないため、

「本物《ほんもの》の人《ひと》の骨《ほね》を使《つか》った人体模型《じんたいもけい》があるわけがない」

という見方《みかた》が一般的《いっぱんてき》だ。


そもそも、お金《かね》の面《めん》でも、プラスチックなどで作《つく》るほうがはるかに安《やす》くて簡単《かんたん》に作《つく》れるのだという。とはいえ、昔《むかし》からある学校《がっこう》には今《いま》でも、

「本物《ほんもの》の人体模型《じんたいもけい》が残《のこ》っている」

と、根強《ねづよ》く言《い》われているのも事実《じじつ》だ。さて、あなたの学校《がっこう》の人体模型《じんたいもけい》は、どんな〝模型《もけい》〟だろうか？

やさしい先生《せんせい》

孝志《たかし》さんの小学校《しょうがっこう》には、子《こ》ども思《おも》いの先生《せんせい》の幽霊《ゆうれい》が出《で》る。

先生《せんせい》は、厳《きび》しいことで有名《ゆうめい》でもあったが、明《あか》るくほがらかで、子《こ》どもたちの人気者《にんきもの》だった。

いじめが問題《もんだい》になった時《とき》は、いじめられている子《こ》、いじめている子《こ》、両方《りょうほう》の子《こ》の話《はなし》を親身《しんみ》になって聞《き》き、問題《もんだい》を解決《かいけつ》した。そのため、悩《なや》みを相談《そうだん》する子《こ》も多《おお》かった。

先生《せんせい》はタバコが大好《だいす》きだった。そのせいか肺《はい》ガンになり、30代《だい》の若《わか》さで亡《な》くなってしまった。

逆《さか》らってはいけない理由《りゆう》

しかし、亡《な》くなってもなお、児童《じどう》たちのことが心配《しんぱい》なのだろう。放課《ほうか》後《ご》になると、たまに幽霊《ゆうれい》になって現《あらわ》れる。

遅《おそ》い時間《じかん》になっても学校《がっこう》の中《なか》に残《のこ》っている子《こ》がいるとやって来《き》て、やさしい声《こえ》で、

「早《はや》く帰《かえ》れよ」

と、声《こえ》をかけてくるのだという。

霊《れい》の姿《すがた》ははっきりとは見《み》えない。しかし、その声《こえ》の元《もと》からは、タバコの香《かお》りがかすかにするのだそうだ。

この〝先生《せんせい》の幽霊《ゆうれい》の声《こえ》〟がしたら、どんな理由《りゆう》があっても、素直《すなお》に帰《かえ》らなくてはいけない。もし、

「帰《かえ》りたくない」

などと答《こた》えてしまったら……。

「じゃあ、先生《せんせい》と一緒《いっしょ》に来《く》るか？」

というやさしい声《こえ》とともに、先生《せんせい》のいる〝霊界《れいかい》〟に、連《つ》れて行《い》かれるといわれている。

ピアノを奏《かな》でる霊《れい》

悠里《ゆうり》さんは体《からだ》が弱《よわ》く、小学《しょうがく》2年生《ねんせい》の3学期頃《がっきごろ》から、4年生《ねんせい》の2学期《がっき》まで入退院《にゅうたいいん》をくり返《かえ》していた。

病院《びょういん》から退院《たいいん》できても、学校《がっこう》に行《い》けるとは限《かぎ》らない。そんな時《とき》、退屈《たいくつ》な家《いえ》で悠里《ゆうり》さんが楽《たの》しんでいたのはピアノだ。なので、病院《びょういん》の先生《せんせい》から、

「2学期《がっき》の始業式《しぎょうしき》から学校《がっこう》に行《い》ってもいいですよ」

という許可《きょか》がおりた時《とき》、音楽《おんがく》の授《じゅ》業《ぎょう》が一番楽《いちばんたの》しみだった。

最初《さいしょ》は不安《ふあん》いっぱいの新生活《しんせいかつ》だっ

たが、すぐにクラスになじむことができた。4人《にん》の仲良《なかよ》しグループの中《なか》にも入《い》れてもらえた。

　しかし、悠里《ゆうり》さんはまだ病院《びょういん》に行《い》くことが多《おお》かったせいで、放課後《ほうかご》はひとりだった。

ピアノの音《おと》がする

　そんなある日《ひ》の放課後《ほうかご》、悠里《ゆうり》さんが廊下《ろうか》を歩《ある》いていると、ピアノの音《おと》がした。

「誰《だれ》が弾《ひ》いているのかな」

　毎日《まいにち》ではないが、そんなことが何《なん》度《ど》かあった。ピアノの曲《きょく》は、悠里《ゆうり》さんが発表会《はっぴょうかい》に向《む》けて練習《れんしゅう》している曲《きょく》と同《おな》じものだった。

　気《き》になった悠里《ゆうり》さんはある日《ひ》、音《おん》楽室《がくしつ》へ向《む》かってみた。

「ひとりで練習《れんしゅう》しているのかな。ちょっとおしゃべりをしてみたい」

というわけだ。

　音《おと》に誘《さそ》われるように、悠里《ゆうり》さんは音楽室《おんがくしつ》へ足《あし》を進《すす》め、そーっとドアを開《あ》け、顔《かお》をのぞかせた。

　しかし、誰《だれ》もいなかった。

「あれ？　音《おと》がしていたのに……」

　そろりそろりとグランドピアノまで近《ちか》づき、鍵盤《けんばん》を見《み》ると、フタが閉《し》まっていた。

「さっきまでピアノの音《おと》がしていたのに……」

　ふと、視線《しせん》を感《かん》じ、ゾッとした悠《ゆう》里《り》さんは急《いそ》いで音楽室《おんがくしつ》から逃《に》げ出《だ》した。壁《かべ》に貼《は》られたポスターの昔《むかし》の音《おん》楽家《がくか》たちの顔《かお》が、一斉《いっせい》に悠里《ゆうり》さんのほうを見《み》たように思《おも》えたからだ。

　その日《ひ》悠里《ゆうり》さんは、家《いえ》で大好《だいす》きなはずのピアノを弾《ひ》くことができなかった。

　その数日後《すうじつご》、悠里《ゆうり》さんはグループの友《とも》だちのひとりに、

「放課後《ほうかご》、音楽室《おんがくしつ》でピアノを弾《ひ》いている人《ひと》いない？」

と聞《き》いてみた。すると、

「それ、幽霊《ゆうれい》だよ！」

という意外《いがい》な言葉《ことば》が返《かえ》ってきた。

ピアノの音《おと》の正体《しょうたい》

　この小学校《しょうがっこう》には、「音楽室《おんがくしつ》に幽霊《ゆうれい》が出《で》る」というウワサがあるという。

　ある裕福《ゆうふく》な家《いえ》で生《う》まれ育《そだ》った女《おんな》の子《こ》がいた。しかし、お父《とう》さんの会社《かいしゃ》が倒産《とうさん》してしまった。そのためお父《とう》さんは心《こころ》を病《や》んでしまい、無理心中《むりしんじゅう》を図《はか》り……その結果《けっか》、女《おんな》の子《こ》を含《ふく》めた家族全員《かぞくぜんいん》が、亡《な》くなってしまったのだ。

　女《おんな》の子《こ》は、学校《がっこう》が好《す》きで、特《とく》に音《おん》

楽《がく》の時間《じかん》とピアノが好《す》きだった。それで放課後《ほうかご》、小学校《しょうがっこう》の音楽室《おんがくしつ》に現《あらわ》れては、ピアノを弾《ひ》くのだそうだ。

「で、ピアノの音《おと》聞《き》いたの？」

と、目《め》をキラキラさせて聞《き》いてきた友《とも》だちに、悠里《ゆうり》さんは、

「ごめん、気《き》のせいだったと思《おも》う」

と、首《くび》を振《ふ》った。

話《はなし》を聞《き》きながら悠里《ゆうり》さんは、〝幽霊《ゆうれい》〟の女《おんな》の子《こ》のことが気《き》になって仕方《しかた》がなかった。

というのも、その後《ご》、悠里《ゆうり》さんが放課後《ほうかご》にピアノの音《おと》を聞《き》くことはなくなった。

しかし、恐《おそ》ろしいことに、夜《よる》ごはんを食《た》べている時《とき》、たまに悠里《ゆうり》さんの家《いえ》のピアノの部屋《へや》から、あの音楽室《おんがくしつ》から聞《き》こえてきた曲《きょく》が聞《き》こえてくるような気《き》がするのだそうだ。

本当《ほんとう》は怖《こわ》い 病院《びょういん》

人《ひと》の生死《せいし》に密接《みっせつ》に関《かか》わる病院《びょういん》に、
怖《こわ》いウワサがないわけがありません。
病室《びょうしつ》で奇妙《きみょう》な音《おと》や姿《すがた》に気付《きづ》いたら、知《し》らないフリをするのが一番《いちばん》なのかもしれません。

いたいよー、いたいよー

詩織《しおり》さんが病院《びょういん》の整形外科病棟《せいけいげかびょうとう》に入院《にゅういん》していた時《とき》のことだ。

入院《にゅういん》の理由《りゆう》は、足《あし》の骨折《こっせつ》。

放課後《ほうかご》、河原《かわら》の土手《どて》で、友《とも》だちと鬼《おに》ごっこをしていて、後《うし》ろを振《ふ》り向《む》きながら走《はし》っていたところ、石《いし》につまずいて、河原《かわら》へ転《ころ》がり落《お》ちてしまった、というわけだ。

詩織《しおり》さんが小学《しょうがく》3年生《ねんせい》で、まだ大人《おとな》が身《み》の回《まわ》りの世話《せわ》をする必要《ひつよう》があることや、詩織《しおり》さんの友《とも》だちから、

「お見舞《みま》いに行《い》きたい」

という連絡《れんらく》が何件《なんけん》もあったこと、さらに、

「詩織《しおり》のようなお調子者《ちょうしもの》な性格《せいかく》だと同《おな》じ病室《びょうしつ》の人《ひと》に迷惑《めいわく》をかけることになるだろう」

というわけで、詩織《しおり》さんは個室《こしつ》を用意《ようい》されることになった。

入院当初《にゅういんとうしょ》は、少《すこ》しだけワクワクしたが、病院《びょういん》での生活《せいかつ》は退屈《たいくつ》だった。

友《とも》だちは毎日《まいにち》のように交代《こうたい》でお見《み》舞《ま》いに来《き》てくれたし、そのたびに新《あたら》しいマンガや雑誌《ざっし》を持《も》ってきてくれた。ついでにたんまりと出《だ》された宿《しゅく》題《だい》の存在《そんざい》も教《おし》えてくれた。

しかし、それでも詩織《しおり》さんは暇《ひま》を持《も》てあましていた。

そんな時《とき》は、歩行器《ほこうき》を使《つか》って、病《びょう》院内《いんない》を散歩《さんぽ》して回《まわ》った。すると、院《いん》内《ない》に顔見知《かおみし》りも何人《なんにん》かできた。

「小《ちい》さいのに、かわいそうに」

と、同《おな》じフロアの入院患者《にゅういんかんじゃ》のおば

さんに呼《よ》び止《と》められ、お菓子《かし》をもらうことも少《すく》なくなかったが、退屈《たいくつ》なことには変《か》わりはなかった。

（早《はや》く家《うち》に帰《かえ》りたいなあ）

　詩織《しおり》さんの思《おも》いは、日《ひ》に日《ひ》に強《つよ》くなっていた。

痛《いた》がる、子《こ》ども

　入院《にゅういん》をして2週間《しゅうかん》ほど経《た》った頃《ころ》のことだ。夜寝《よるね》ていると、3～4歳《さい》くらいの男《おとこ》の子《こ》の、

「いたいー、いたいよう」

という声《こえ》で目《め》が覚《さ》めた。

　耳《みみ》をすますと、男《おとこ》の子《こ》が廊下《ろうか》をパタパタと走《はし》る音《おと》がする。男《おとこ》の子《こ》は廊《ろう》下《か》を行《い》ったり来《き》たりしながら、

「おかあさーん、どこー？　いたいー、いたいよう」

と、泣《な》いている。時計《とけい》を見《み》ると、午前《ごぜん》2時《じ》を過《す》ぎていた。

（看護師《かんごし》さんに言《い》ったほうがいいのかな？）

　詩織《しおり》さんがおろおろしていると、ちょうど、詩織《しおり》さんの部屋《へや》に看護師《かんごし》さんが入《はい》ってきた。詩織《しおり》さんが入《にゅう》院《いん》している病院《びょういん》では、2時間《じかん》おきに、看護師《かんごし》さんが患者《かんじゃ》さんに異常《いじょう》がないかチェックして回《まわ》るのだ。

　看護師《かんごし》さんに聞《き》くと、家《いえ》の中《なか》で大《おお》ケガをした子《こ》どもだそうで、お母《かあ》さんは受付《うけつけ》に行《い》っているのではないか、ということだった。

「ごめんね、言《い》って聞《き》かせるわね」

と、看護師《かんごし》さんはあやまりながら詩織《しおり》さんの病室《びょうしつ》を出《で》ていったが、男《おとこ》の子《こ》の泣《な》き声《ごえ》は、結局朝《けっきょくあさ》まで病棟内《びょうとうない》

に響《ひび》きわたった。

翌日《よくじつ》、待合室《まちあいしつ》に行《い》くと、男《おとこ》の子《こ》の声《こえ》の話《はなし》でもちきりだった。

「あれ、うるさかったわよね」

「全然《ぜんぜん》寝《ね》られなかったわ」

「親《おや》は何《なに》をしてたのかしら」

おばさんたちが文句《もんく》を言《い》い合《あ》っていた。

そして詩織《しおり》さんの顔《かお》を見《み》ると、

「その点《てん》、あなたは礼儀《れいぎ》正《ただ》しくていいわよねえ」

と、ほめてくれた。ほめられながら詩織《しおり》さんは、その男《おとこ》の子《こ》が少《すこ》しかわいそうになった。

（痛《いた》いのは治《なお》ったかな。お母《かあ》さんは帰《かえ》ってきたのかな）

（いつまで入院《にゅういん》してるんだろう？ 私《わたし》でよければちょっとだけ、遊《あそ》んであげようかな……）

看護師《かんごし》さんに男《おとこ》の子《こ》の病室《びょうしつ》を聞《き》くと、朝《あさ》には元気《げんき》に退院《たいいん》したとのことだった。

まだ、声《こえ》がする！

しかしだ。その夜《よる》も、詩織《しおり》さんは男《おとこ》の子《こ》の泣《な》き声《ごえ》に起《お》こされた。

「いたいー、いたいよう」

と、言《い》っている。隣《となり》の部屋《へや》だ。

（一度《いちど》退院《たいいん》したけど、どこかまた具合《ぐあい》が悪《わる》くなって、入院《にゅういん》させられちゃった……とか？）

詩織《しおり》さんはむくっとベッドから体《からだ》を起《お》こし、しばらく考《かんが》えた。

隣《となり》の部屋《へや》は、救急車《きゅうきゅうしゃ》で運《はこ》ばれてきた人用《ひとよう》の病室《びょうしつ》だ。そして、個室《こしつ》だ。

詩織《しおり》さんのように小学《しょうがく》3年生《ねんせい》に

なってもお母《かあ》さんがたまに寝泊《ねと》まりをしてくれるのに、あんな小《ちい》さい子《こ》のところに、誰《だれ》も付《つ》き添《そ》いがいないわけがない。

「さすがに今日《きょう》は、お母《かあ》さんが一緒《いっしょ》にいるよね。小《ちい》さい子《こ》だもんね」

つぶやくと、再《ふたた》び聞《き》こえてきた、

「いたいよー、いたいよー」

の声《こえ》が、少《すこ》し大人《おとな》びたような気《き》がした。

（あれ？　昨日《きのう》の子《こ》じゃないの？）

と詩織《しおり》さんは思《おも》った。ならいいか、と思《おも》い、つい、

「女《おんな》の子《こ》なら、様子《ようす》を見《み》に行《い》ってあげたのに」

と、口《くち》に出《だ》して言《い》ってしまった。

すると、声《こえ》のトーンが、女《おんな》の子《こ》のものに変《か》わった。詩織《しおり》さんと同年代《どうねんだい》くらいの女《おんな》の子《こ》が、隣《となり》の病室《びょうしつ》から、

「いたいよー、いたいよー」

と、激《はげ》しく泣《な》きじゃくっている。

底《そこ》知《し》れぬ恐怖《きょうふ》に詩織《しおり》さんが固《かた》まっていると、女《おんな》の子《こ》の声《こえ》が叫《さけ》んだ。

「はやく来《き》てよ！」

詩織《しおり》さんはだまって、ナースコールを押《お》した。

救急病室《きゅうきゅうびょうしつ》にいたモノ

看護師《かんごし》さんに聞《き》くと、その日《ひ》、隣《となり》の部屋《へや》には誰《だれ》も入院《にゅういん》してはいなかったのだそうだ。

誰《だれ》かのイタズラか、とも思《おも》ったが、ではコロコロと変《か》わった声色《こわいろ》は、どうやって説明《せつめい》したらいいのだろう。

のちに詩織《しおり》さんは、怖《こわ》い話《はなし》の好《す》きな友《とも》だちから、

「救急車《きゅうきゅうしゃ》で運《はこ》ばれた人用《ひとよう》の病室《びょうしつ》は、そのままそこで死《し》んじゃう人《ひと》もいるんだって。だから、そういう病室《びょうしつ》には、まだ自分《じぶん》が死《し》んだことに気付《きづ》いていない霊《れい》が、うようよしているらしいよ」

という話《はなし》を聞《き》かされた。

詩織《しおり》さんは、あのコロコロと変《か》わった声《こえ》は絶対《ぜったい》に幽霊《ゆうれい》のものだと思《おも》っている。そして、さらに思《おも》う。

（あの時《とき》、病室《びょうしつ》をのぞきに行《い》っていたら、私《わたし》、どうなっていただろう）

と。さらに、ひょっとしたらその前《まえ》の日《ひ》に、

「いたいよう」

と廊下《ろうか》を走《はし》り回《まわ》っていた男《おとこ》の子《こ》も、幽霊《ゆうれい》を見《み》たか、霊《れい》にとりつかれていたのではないか、と。

普通《ふつう》、次《つぎ》の日《ひ》に退院《たいいん》できるくらいのケガの患者《かんじゃ》なら、痛《いた》み止《ど》めの薬《くすり》を飲《の》むだけで、痛《いた》みは十分《じゅうぶん》おさえられるそうだからだ。

おばあちゃんの死神《しにがみ》

利樹《としき》くんが怖《こわ》い思《おも》いをしたのは、とある総合病院《そうごうびょういん》でだ。

「おばあちゃんが、今晩《こんばん》、息《いき》をひきとるかもしれない」

と、家族《かぞく》と親《しん》せき一同《いちどう》が病院《びょういん》に呼《よ》ばれ、夜通《よどお》し、おばあちゃんの様子《ようす》を見守《みまも》っていた時《とき》のことだ。

時計《とけい》は夜《よる》の12時《じ》を回《まわ》っていた。

おばあちゃんは、顔《かお》に酸素《さんそ》マスクのようなものをつけ、体《からだ》にたくさんの管《くだ》をぶら下《さ》げながら、苦《くる》しそうにしている。しかし、

「今晩《こんばん》、おばあちゃんが亡《な》くなることはなさそうだから、子《こ》どもは帰《かえ》そう。明日学校《あすがっこう》もあるからな」

と、親《しん》せきのおじさんが言《い》い出《だ》した。病室《びょうしつ》の床《ゆか》に座《すわ》り込《こ》んで、いとこたちとゲームをしていた利樹《としき》くんは、正直帰《しょうじきかえ》りたくなかった。

おばあちゃんが心配《しんぱい》だというのもあったし、久々《ひさびさ》に会《あ》ういとことのゲームも楽《たの》しかった。

さらに明日《あす》は、学校《がっこう》を休《やす》むつもりでいたからだ。

年上《としうえ》のいとこたちが

「帰《かえ》りたくなーい」

とブーイングする中《なか》、利樹《としき》くんより1歳年上《さいとしうえ》のいとこ、こうじくんが、

「おしっこ行《い》きたくね？」

と、利樹《としき》くんに耳打《みみう》ちした。

結局《けっきょく》、オレもオレもと、その場《ば》にいた、いとこ5人全員《にんぜんいん》で、トイレに行《い》くことになった。

子《こ》どもたちを誘《さそ》う声《こえ》

夜《よる》の病院《びょういん》は静《しず》かだ。

「おい、笑《わら》うな。声《こえ》をたてるなよ」

と、ヒソヒソ言《い》い合《あ》いながら、トイレに向《む》かう。

さて、利樹《としき》くんがトイレをすませて手《て》を洗《あら》っていると、年上《としうえ》のいとこふたりが、

「おい、変《へん》な声《こえ》がするぞ」

と、廊下《ろうか》から顔《かお》を出《だ》してきた。

先《さき》にトイレをすませたふたりで廊《ろう》下《か》に出《で》て、みんながトイレから出《で》てくるのを待《ま》っていると、

「こっちー、こっちにきてー」

という声《こえ》が、奥《おく》のほうの病室《びょうしつ》から聞《き》こえてきたのだという。

「絶対《ぜったい》ウソだよ」

「怖《こわ》がらせようとしてるだろ」
利樹《としき》くんたちがヒソヒソと、廊下《ろうか》の奥《おく》を見《み》ながら様子《ようす》をうかがっていると、突然《とつぜん》、看護師《かんごし》さんが懐中電灯《かいちゅうでんとう》を光《ひか》らせながら、利樹《としき》くんたちの横《よこ》をバタバタと走《はし》り抜《ぬ》けていった。

その瞬間《しゅんかん》、利樹《としき》くんの目《め》に、看護師《かんごし》さんの横《よこ》を走《はし》る、大《おお》きなカマを持《も》った黒《くろ》い大男《おおおとこ》が映《うつ》った。それは、どこからどう見《み》ても、マンガなどでよく見《み》る、あの死神《しにがみ》だった。

「うわーあ！」

利樹《としき》くんたちは、おばあちゃんの病室《びょうしつ》に一目散《いちもくさん》に駆《か》け戻《もど》った。

病室《びょうしつ》に入《はい》ると、全員《ぜんいん》が泣《な》いていた。看護師《かんごし》さんと一緒《いっしょ》に病室《びょうしつ》に入《はい》ったはずの、黒《くろ》い大男《おおおとこ》はいなかった。利樹《としき》くんはおばあちゃんが今《いま》、亡《な》くなったのだなと思《おも》った。

黒《くろ》い大男《おおおとこ》の正体《しょうたい》は……

おばあちゃんのお葬式《そうしき》の日《ひ》、いとこのこうじくんが言《い》った。

「お前《まえ》、あの時《とき》、廊下《ろうか》を高速《こうそく》ずりばいで動《うご》いていった死神《しにがみ》みたいな黒《くろ》いヤツ、見《み》たか？　あいつ、おばあちゃんの部屋《へや》に入《はい》ったよな？」

と。そして、

「あいつ、絶対死神《ぜったいしにがみ》じゃないかと思《おも》うんだ」

と。ということは……と、利樹《としき》くんは思《おも》う。

「こっちー、こっちにきてー」

という声《こえ》のところにもし行《い》っていたら、死《し》んだのは自分《じぶん》たちだったのかもしれないと。

廃墟《はいきょ》の病院《びょういん》にて

夏休《なつやす》み、留美《るみ》さんがお母《かあ》さんの実《じっ》家《か》に遊《あそ》びに行《い》った時《とき》のことだ。

地元《じもと》の子《こ》たちとすっかり仲良《なかよ》くなった頃《ころ》、2つ年上《としうえ》のゆかちゃんが、

「肝試《きもだめ》ししよう」

と言《い》い出《だ》した。十数年前《じゅうすうねんまえ》につぶれた病院《びょういん》が、絶好《ぜっこう》の心霊《しんれい》スポットになっているのだという。そこに行《い》こうというのだ。

留美《るみ》さんは正直《しょうじき》、気《き》が進《すす》まなかったが、

「さやちゃんも、ゆうちゃんも来《く》るんだよ?」

と強《つよ》く言《い》われると、断《ことわ》れなかった。

とはいえ、お母《かあ》さんに話《はな》して、許《ゆる》してもらえるわけがない。

「夜中《よなか》、寝《ね》たフリをして、こっそり抜《ぬ》け出《だ》すしかないか」

留美《るみ》さんは、ゆううつだった。

廃病院《はいびょういん》の前《まえ》で

肝試《きもだめ》し当日《とうじつ》。

全《まった》く気《き》が進《すす》まないイベントだったが、行《い》けば行《い》ったでテンションがあがるものだ。

誰《だれ》が誰《だれ》を好《す》きだとか、誰《だれ》がモテるとか、中学《ちゅうがく》になったら何部《なにぶ》に入《はい》るかとか、留美《るみ》さんにはあまり関係《かんけい》のない話《はなし》ばかりだったが、年上《としうえ》の子《こ》たちのガールズトークに加《くわ》われるのは、なかなか楽《たの》しかった。

廃病院《はいびょういん》は、想像《そうぞう》していたよりも新《あたら》しかった。

「1階《かい》の霊安室《れいあんしつ》から、うめき声《こえ》がするんだって」

と、ゆかちゃんが耳打《みみう》ちした。

「あとね、3階《かい》の手術室《しゅじゅつしつ》に、血《ち》まみれのナイフが落《お》ちてるらしいよ」

話《はなし》を聞《き》けば聞《き》くほど、怖《こわ》い。留美《るみ》さんは思《おも》わず、

「私《わたし》、外《そと》で待《ま》っていてもいい?」

と言《い》ってしまった。病院《びょういん》の外《そと》は、街灯《がいとう》がついていて明《あか》るい。さらに、念《ねん》のため、お母《かあ》さんの携帯電話《けいたいでんわ》を持《も》ってきている。何《なに》かあれば、助《たす》けも呼《よ》べる。

しかし、3人《にん》の姿《すがた》が見《み》えなくなって、すぐに後悔《こうかい》した。

「やっぱり、みんなについていけばよかった……」

右《みぎ》へ右《みぎ》へと誘《さそ》う声《こえ》

何分経《なんぷんた》っただろう。留美《るみ》さんの頭《あたま》のずっと上《うえ》のほうから、ゆかちゃん

の声《こえ》がした。

「留美《るみ》ちゃーん、こっち、こっち」

病院《びょういん》を見上《みあ》げたが、何《なに》も見《み》えない。とにかく真《ま》っ暗《くら》だ。

「ゆかちゃん？　どこにいるの？」

「ちょっと、右《みぎ》に寄《よ》って」

右《みぎ》？　留美《るみ》さんは少《すこ》し右《みぎ》へ動《うご》いた。

「うーん、もっと右《みぎ》」

さらに右《みぎ》に移動《いどう》する。街灯《がいとう》からどんどん離《はな》れていく。

「もっと右《みぎ》」

もっと？　暗《くら》いしイヤだなあと感《かん》じた瞬間《しゅんかん》、

「何《なに》してるの？　そこ、危《あぶ》ないよ」

ゆかちゃんの声《こえ》が背後《はいご》でした。懐《かい》中電灯《ちゅうでんとう》で照《て》らされ、自分《じぶん》の右下《みぎした》を見《み》ると大《おお》きな穴《あな》があった。頭上《ずじょう》から、

「チッ」

という舌打《したう》ちが聞《き》こえてきた。留《る》美《み》さんたちは、走《はし》って逃《に》げた。

【イラストレーター・プロフィール(五十音順)】

岩元健一(いわもとけんいち)
ゲーム会社勤務を経てフリーのイラストレーターとして活動中。

MAKO.
福岡県生まれの漫画家・イラストレーター。児童書・学習漫画・企業漫画・キャラクターデザイン他、幅広く活動中。おもな作品に『ロボットを動かそう！mBot でおもしろプログラミング』『学研まんが NEW 世界の伝記 ワンガリ・マータイ』など。

柳 和孝(やなぎかずたか)
今回は「怖い場所」ということで、できるだけおどろおどろしい雰囲気になるように描きました。この本を楽しんでいただければ幸いです！

あなたの後ろの本当は怖い場所 屋内編

著　者　野宮麻未・怖い話研究会
イラスト　岩元健一・MAKO.・柳 和孝
イラスト協力　サイドランチ
発行者　内田克幸
編　集　池田菜採
発行所　株式会社理論社
〒103-0001　東京都中央区日本橋小伝馬町9-10
電話　営業03-6264-8890　編集03-6264-8891
URL　http://www.rironsha.com

2017年7月初版
2017年7月第1刷発行

表紙イラスト　MAKO.
ブックデザイン　東 幸男(east design)
印刷・製本　図書印刷

ISBN978-4-652-20217-3 NDC387 B5変型判 27cm 111p